堅定決定

黃永存從商道走向菩提道

主述—黃永存
撰文—唐墨

父母師長的身教 善良自律的父親與寬容慈藹的母親，為幼小心靈打造了一把道德的尺，引領我一生善行。小學二年級導師王秀珠既嚴謹又溫暖的教學態度，是第一位影響我生命的老師。當兵時被編入特種部隊並調派金門，在當年兩岸關係緊繃期，幸有長官照顧度過凶險，好緣持續到退伍後。

3	1
4	2

❶❷於金門莒光樓、小金門與軍中同袍合影。

❸❹事業有成回饋鄉里，於母校員林中學設立「士盟獎學金」鼓勵優秀學子。

打拚事業的歲月

初中畢業後，在新民工商夜間部讀了兩年，因為家計問題肄業。從臺中柑仔店打工、建材行送貨、工地學徒，到臺北打天下，歷經地磚工廠、五金工廠、貨運公司業務，最後成立自己的公司「士盟國際通運」。感恩一路的正、逆緣，也欣喜自己的一路堅持。

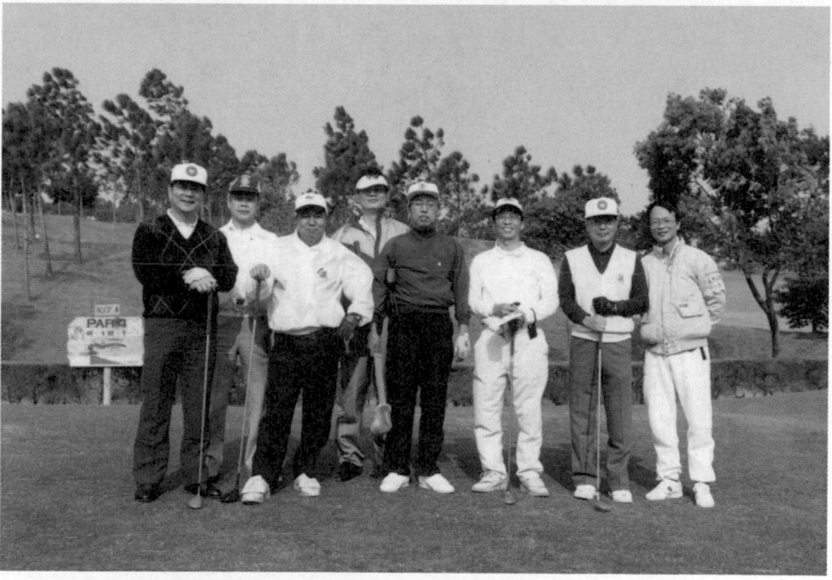

3	1
4	2

❶❷士盟國際通運紐約和洛杉磯分公司員工。
❸士盟國際通運公司員工尾牙活動。
❹曾經一起打高爾夫球的商業夥伴。

家庭是愛的所在 一九七二年十一月與陳慧美訂婚，一九七三年四月完婚，六月公司成立，不久長子出生，兩年後買了起家厝；五子登科，婚姻美滿。現在大兒子從事電腦資訊工作，女兒是高院法官，小兒子繼承事業，一家和樂，孝愛傳家。

3	1
4	2

❶帶妻兒出遊，在中央圖書館前合影。
❷女兒婚禮，與家族親人合影。
❸帶家族親人參訪花蓮慈濟醫院。
❹夫妻同行菩薩道。

做慈濟終生志工　一九八四年，經由三峽長壽山元亨寺老師父的介紹，認識慈濟而至花蓮靜思精舍參訪，找到心靈最終皈依處。進入慈濟後放下身段，從男眾「保全組」到成為「慈誠一號」，利用自身通運公司之便，協助慈濟國際賑災物資運送。

3	1
4	2

❶❷參與靜思精舍朝山與佛七活動。

❸從1989年慈濟護專成立，負責交通的「保全組」，到擴編為「慈誠隊」，身為「慈誠一號」，願作師兄弟們永遠的倚靠。

❹陪伴慈青參訪靜思精舍。

奠基

3	1
4	2

❶❷1991年12月，至大陸江蘇興化賑災，展示慈濟發放的棉衣、參與興化任家慈濟村奠基儀式。（攝影／洪斯文）

❸1991年12月，參與安徽全椒官渡慈濟中學奠基儀式，學生致贈領巾，表達感恩。（攝影／洪斯文）

❹1991年12月，參與安徽全椒南屏慈濟敬老院奠基典禮，攙扶老人進入會場。（攝影／洪斯文）

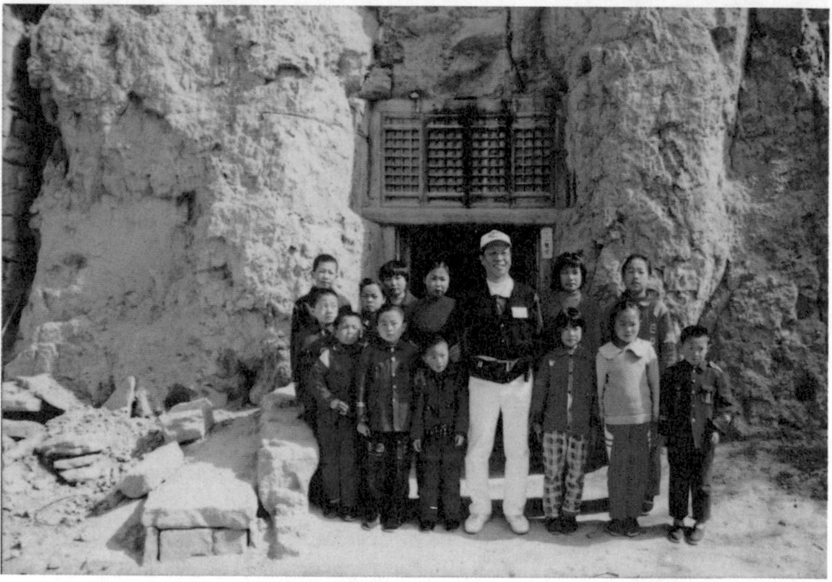

❶～❹1992、1993年，受慈濟興學影響，以士盟國際通運公司名義，於中國大陸榆林、延安、定邊等地，建設七所希望小學。

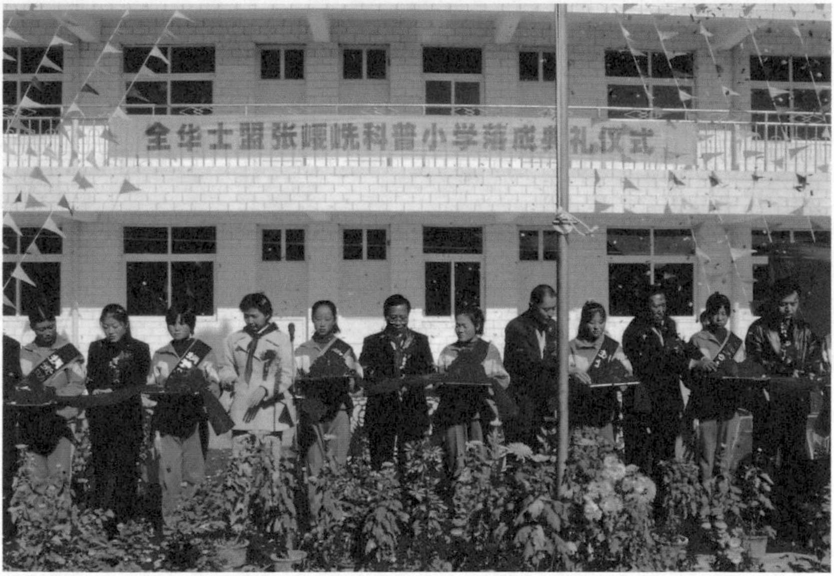

3	1
4	2

❶2004年底南亞海嘯後，參與慈濟街頭募款活動。

❷2011年日本311地震海嘯救援，乘考察業務之便，到日本分會關心賑災事宜，並協助準備慰問金。（攝影／李淑娟）

3	1
4	2

❸2014年，中市梧棲區志工於清水靜思堂舉辦讀書會，與太太一起分享皈依證嚴法師的因緣與改變。（攝影／顏啓斌）

❹2016年2月，參與大愛電視臺《回眸50看見慈濟》特別節目錄影。（攝影／陳忠華）

目錄

【推薦序】讓愛心傳下去——李大維

黃永存董事長見證了臺灣經濟起飛的年代，走過半生繁華，毅然決然加入慈濟功德會，成為慈誠隊員、慈濟委員和慈濟榮譽董事，為公益事業挹注人力物力，不遺餘力。因為童小時代的困頓，讓他感悟人情冷暖，也看見人性光輝，有朝一日一定要把愛傳下去的信念，敦促著他不斷努力。

全書從黃董事長的父母開始談起，描寫那個戰後百廢待興的臺灣，一個農村孩子為了貼補家用，踩著腳踏車賣橘子、賣枝仔冰；從完全不會做生意，到可以帶著弟弟一起賣冰。期間艱苦萬分的事件不斷發生，窮到沒有退路的他堅定面對，淡定解決，塑造了他務實踏實的性格。

由於家中資源有限，刻苦求學的路上遇到許多險阻，卻也遇到幾位貴人老師，時至今日，黃董事長延續了老師們的愛，堅持在數十間國、高中頒發獎學金，救援了許多宛如小時候的他的學子。金門從軍的驚心動魄，更是奠定了他對國家的信念，即使後來有機會到海外拓展商業基地，依然選擇根留臺灣。

那個「臺灣錢淹腳目」的時代，「甘願做牛，不怕沒犁可拖」，換了幾個工作之後，因緣際會接觸了國際運輸，也認識了現在的妻子，孩子出生也買了房子，來個「新五子登科」。但人生的難題依然浮現，輾轉在幾個宗教信仰之間尋求解脫，然而也是機緣到了，在一段神奇的尋師過程中，讓他找到了心目中的師父，也就是慈濟證嚴法師。經由背影認出了明師，他二話不說立即皈依，從此不再迷失自我，走出陰霾，活出了現在快樂慈濟人的生涯。

因為本業是國際運輸，所以每當世界各地發生災難，黃董事長總會設法聯絡調度物資與人員的運送流程，常常要守夜配合時差，一通電話打到海外去確認物資是否平安抵達；更多時候還得要在臺灣本島發派甚至商借貨車，將各地的物資流通集中到機場清關。

經歷了臺灣九二一地震、日本三一一地震海嘯、大陸四川地震、南亞海嘯等國內外的重大災情，黃董事長不但沒有退縮，守護貧苦弱勢的愛心更加堅強，即使把公司營運的主要決策交給兒子管理，依然導入了慈濟精神，包括公司提供素食、主管階級每月樂捐、針對員工家庭發生變故的經濟補貼等等。

這樣一位樂善好施的長者，本來並不打算為自己出這本書，但由於身旁的親友、員工們、慈濟人、甚至負責貼身記錄的作者都一再鼓勵董事長，把這分愛心說出來，讓愛心傳下去，種種鮮為人知但行之有年的善行義舉，才有這個機會在本書中一一向讀者們披露。如此一本好事，怎可不拜讀！

（本文作者為中華民國總統府祕書長）

【推薦序】千帆過後的泊岸——盧蕙馨

約三十年前初識黃永存師兄，印象中，這位膚色黝黑、個子不高、表情多半嚴肅的董事長級人物似乎自律甚嚴，說起話來也不由得教人正襟危坐。現在讀了他的傳記，才恍然明白那樣的身軀，自小就扛負重擔，從農村到都市、到海外，一路力爭上游；那樣的面容，是經歷過人生的大風大浪，顛沛後淬鍊出的岸然。

黃師兄幼時因父親被親戚連累負債，原本優渥的生活跌至谷底。沒錢買煤球炭火，家中小孩都得出門撿柴或竹子、字紙，拿回家燒；或者割稻、摘豆打零工。黃師兄年少志氣大，小時騎高大的鐵馬，賣枝仔冰、椪柑，後來又騎三輪車送建材水泥，很懂得「貨暢其流」，也造就了日後從事國際運通的生意長才。

造化弄人，黃師兄自小就深切體會，這也是那個時代許多家庭的際遇。經濟拮据，孩子無法受正常教育，少年時就得出外謀生，貼補家計。前途未卜，在載沈載浮的人海中，宗教信仰成了希望的寄託。黃師兄和不同宗教的會遇，乃至於有神祕的感應經驗，其實都源於人們碰到重大挫折時的大哉問：為什麼？怎麼辦？

這是本書另一個隱然的軸線，反映臺灣社會豐富的信仰積層，也反映個人在洞明世事後自心作主的圓熟智慧。

黃師兄念小學時接觸基督教，美援年代中的教會慷慨濟施食物，給三餐不繼的黃家帶來溫暖。父親雖信奉民間信仰，出於回饋心理，也沒阻止兒子去做禮拜。黃師兄受了洗，首先學會迫切禱告，在往後求學、謀職、創業的歲月中，禱告成為他祈求協助的依靠，而且好幾回心誠則靈，得以度過難關。

臺灣從移民社會發展而來，民間信仰扎根於社會底層，和常民生活融合在一起。黃師兄小時雖常去教堂，但也在鄰里中結識乩童、道士，也和出家師父談過話。這些因緣印入心田，也成為黃師兄在為事業奮鬥的過程中，尋求指點迷津的精神資源，包括命理術數都派上用場，甚至當過宮廟主委。

讀者們可以感受到，黃師兄追求信仰，和在困頓環境中成長的不服輸個性有關，也說明了宗教之所以存在，是因應人們遭逢苦難，找尋慰藉的需求。然而，過盡千帆，他仍然不滿意，繼續尋找那最終的答案。

接觸佛法後，了悟人生無常的道理，他才放下一神教、多神教，和友人四處參訪名山，切磋佛學。直到來到慈濟，見到證嚴法師，身影如打坐入定中所見，他怦然一驚，也為法師的悲心願行感召，從此在慈濟事理印證的菩薩道中泊岸。

美國宗教學者休斯頓・史密斯（Huston Smith）寫了宗教學經典著作《人的宗教》，他是牧師的兒子、虔誠的基督徒。在一生中，他接觸過印度教、佛教、伊斯蘭教，學習各自的教義智慧，也投入美洲原住民和澳洲原住民的研究，希望了解幾千年前人類的心靈傳統。

九十一歲時，他出版了回憶錄《探索的故事》，回顧在多元宗教的神聖之旅。在本書結尾的收場白中，他省思指出，宗教告訴我們，我們在這個地球上的生命是用來做轉化的。從最廣闊的角度了解宗教的世界觀，他說：「當我們向外看，很自然地將善的事物看成在上面的：天使永遠在天上唱歌，諸神住在山頂。然而當我們向內看，這個形象便反轉了，我們發現最美好的事在我們內心最深處……心比身體更重要，靈魂比心重要，靈性（在我們內心都是完全一樣的）又比靈魂重要。」（《探索的故事》，三〇八頁）

我以這段話送給本書的主角和讀者：一切向外的追尋都會回歸到內在的靈山，找到旅人最堅實的靠岸所在。

（本文作者為慈濟大學宗教與人文研究所教授）

【自序】愛與善綿延不絕

黃永存

輾轉一甲子，家境從富裕到貧窮，面臨生命的大起大落，唯一不變的就是奮發向上的志向。從一個欠繳學雜費、抬不起頭的學生，如今我在大陸陝西蓋了七所希望中心小學，更在臺灣中小學頒發了二十年的清寒獎助學金。

二〇〇〇年開始，在頒發清寒獎助學金的過程中，看見很多孩子就像當年的我一樣，從萬念俱灰放棄自我，到刻苦耐勞努力打拚，不僅每個學科都能夠達到八十五分，更在操行與學養上都有長足的進步。

我原本是要鼓勵他們的，卻反而被他們這股力量給鼓舞了，所以才勇敢提筆寫出自己的生平自傳。希望藉這本書能給迷惘中的孩子一個真切實在的鼓舞，不輕言放棄，就好比一盞油燈、一支蠟燭，點燃自己、照亮社會的同時，更能夠點燃其他的蠟燭和無數油燈，薪火相傳，讓社會人人走向光明美好的前程。

承蒙恩師證嚴上人的啟蒙，我從一個懵懵懂懂、只知自利的實業家，到走向完全利他的慈善家，總共花了將近一甲子的時間。超過半百的歲月，深深感受到生命的光與熱，就如同恩師慈愛與智慧的加持，讓我有能力點燃其他有志一同的同修道友，一起讓社會愛與善的循環能夠綿延不絕，世世代代傳承下去。

人生每個階段的老師，都是這股光和熱的來源，小學的級任導師，在精神上鼓勵我，在知識上啟蒙我，更在我考上初中的時候，拿出他的結婚基金贊助我；從求學到就業，乃至創業以來，我遇過牧師、遇過法師、遇過禪師，接觸過許多宗教師，其中，我最感恩證嚴上人的諄諄教誨。恩師在一九九〇年代發起了人間淨土的志業，我從參與、了解到學習大愛精神，從慈濟的四大志業八大法印當中，了解生命的真諦以及大愛傳承的重要性。

不揣淺陋的我，毛遂自薦出版這本書，希望能夠拋磚引玉，分享我的奮鬥過程予年輕學子們，讓他們看到光、看到希望。期盼未來他們也能夠展現人格特質，為個人、為家庭、為社會、為國家做出貢獻，這樣我才真的不虛此生來到人間！

【第一卷】

戰後出生的一代

北管與父母親的身教

說我的故事之前，一定要先談談我的家庭，特別是我的父母親。

家庭生活是人格育成中最重要的環節，今天的我，洋溢著感恩笑容，為了推展出慈濟對全人類無私的大愛，在全世界奔走，每天都惦記著如何能幫助更多人，追求正義與公平的性格，其實都源自於十分溫馨的家庭。

善良自律且多才多藝的父親，和刻苦耐勞又寬容慈藹的母親，為我幼小的心靈打造了一把道德的尺，讓我隨時都懂得反省自己的行為。

我在家鄉臺灣彰化埔心一直待到國中左右，因為家道中落，為了尋求更好的謀生機會，只好離開家鄉，北漂求職。但是家庭對我的影響，不曾因為我的離開而中斷過，父母親的言行深深烙印在我心中，即使後來在臺北這座大城市裏浮浮沈沈，我都不曾忘卻他們的教誨，努力地做一個正正當當的人，做一個負責的丈夫、稱職的父親。

埔心鄉梧鳳村是一座傳統的單姓村落，村裏都是黃氏宗親，整座村莊的人超過九成都姓黃，因此鄰居也是親戚，只是血緣深淺厚薄有異。小時候，只感覺這種關係非常緊密，從未想過有一天，即使是這麼緊密的連結，也會有斷開的時候。莫不是隱隱地演繹著佛陀開示的「無常」之理，天下沒有不散的筵席，老一輩的人漸漸凋零，村子也不斷在改變。每年回母校頒發獎學金的時候，我都能感受到人事物的汰換迅速，也因為如此，我更加珍惜童小在家鄉的每一段回憶。

到我升上小學之前，都過著還算優渥的生活。常常聽父親提到，家產與聲望同樣豐碩可敬的祖父，是日治時代的保正，類似現代的村長，他注重鄰里的基礎建設，也很照顧農民。村人們經常來拜訪開闊而豪氣的黃家四合院；紅牆之外放眼所及，從四合院走到火車站，踩的曾經都是黃家的土地。在祖父的左提右挈之下，父親的童年非常幸福且圓滿，不必為了三餐奔走，有機會學習傳統音樂、閱讀文史演藝、磨練詩詞字畫，富庶的家族背景，成就了父親多才多藝的人生。

怎奈無常疾迅，再怎麼樣氣派的大家族，也會有枝葉散落的榮衰變化，祖母過世的時候，父親八歲，小姑媽才四歲。七年後，父親還不過志學之年，祖父竟也撒手人間。

父親自幼身體就不太好，又曾是養尊處優的少爺，突然遭此巨變，根本難以堪受，龐大的家產就暫且託給了長輩保管，也放手給長輩去經營，父親則是每個月固定去幾戶佃農家裏收田租。主要也是因為考量到父親當時的年紀與體力，收田租是相對容易一點的差事，從收田租開始慢慢學習農地的經營與管理，祖父當年也是這麼歷練磨礪過來的。

在鄉下，所有的人無分男女都要做事情，從老至幼，沒有人是吃一口閒飯的，農忙時節有許多雜務需要多人合力完成；收成的時候相互支援摘採農作物；遇到風災旱澇則會攜手防災搶救。走在鄉間，看到身材瘦小的孩子，或是清臞的老人，隨手撿一點事情去做，都是自然風景。

但沒想到，父親第一次收田租，就遇到有人欺負他是失依失怙的小少爺，手裏那個秤稻穀用的斗，大手一揮，從斗裏落下嘩嘩作響的穀粒，還沒裝滿一斗，就硬是把稻穀倒入父親手裏的袋子，嘴裏卻喊著：「一斗！」

幸虧父親機警，大聲喊住了那人：「等一下等一下，你那個斗都還沒秤滿，怎麼可以就這樣喊作一斗？」

「小少爺，那依你說呢？」那人似乎還想耍賴，語帶挑釁，把木斗揮舞了兩下，等著看這十五歲的小娃，要怎麼跟大人據理力爭。

「你要量好，等倒下來的稻穀都停了，整個斗都滿的，然後用斗概刮平之後，才可以算一斗！」

本來想偷斤減兩的人，也不得不佩服眼前這位小少爺如此英明，敢於說出自己的意見，而且條理分明不慍不火。於是乖乖地把稻米量準整整一斗，才倒進麻袋裏。後來這個人把父親的機智反應告訴全村的人，從此，大家都知道黃家的孩子不容小看，村長的少爺就是不一樣。

父親每次提起這件往事，都會說：「我們不占人家便宜，但是也不能跟人家交惡，要懂得用智慧，好好地跟那些不懂事理的人，把事情說明清楚。解決問題，不要用情緒製造問題。」

直到今天，我還是不曉得當年作弄父親的那戶佃農，是否也是我們黃姓宗親。這就是父親的稟性，為他人隱惡揚善，口說好話的身教。

父母親都是用慈悲與忍辱在教育我們，只是信奉民間信仰舉香拜拜的他們，來不及接觸像慈濟宗門這種正信佛教團體，但他們日常生活表現出來的，無非都是知足、感恩、善解、包容，也就是證嚴法師所開示的「慈濟四神湯」。孟子說「人性本善」，說的大概就是像父母親這樣的人吧！

因為父親有這種勇氣與慈悲，所以他在鄉里之間獲得很多人的敬重。當年託長輩保管的祖產，被經營不善的長輩一點一點變賣套現，也是地方耆老們出面主持公道，認為那些祖產都是父親將來成家立業用的「娶某本」，不可以再揮霍出去了，便交給農會信託保管，這才替父親保住了最後一點祖產。繼承了祖產的父親因此有了一小筆積蓄，除了娶妻生子之外，生意頭腦極好的父親，開始設立醬油工廠、殺蟲劑工廠、成衣工廠等小型工廠。在戰後那段臺灣經濟正要邁入轉型的過程中，民生用品是基本需求，讓父親累積更多的財富。

我差不多就是那個時候出生的，排行第三，因為家裏做什麼生意都很賺錢，母親也勤儉持家地存了很多錢，所以我就被取了「永存」這個名字。

小學四年級以前，那些積蓄讓我們維持在祖傳四合院裏的生活，保有跟祖父在世時一樣的優渥日子，我甚至還跨學區，放棄鄉下的二重滴小學，轉到升學率較高的湖東國小，上下學都有三輪車接送。

在那個只有六年義務教育的年代，國中又叫做初中，必須參加全國性的考試才能繼續就讀，也因此，只有小學畢業文憑就出來做童工的比例居高不下。父母親都認為我們應該繼續升學，所以一家八個兄弟姊妹，全都通過了初中考試。

好景不常，小學四年級的那年夏天，善良的父親不忍親戚的一再請託，替他作保向農會和地下錢莊抵押借貸，一夕之間所有工廠甚至田地，遭到查封拍賣，只餘下一方讓全家棲身的四合院。轉眼間，家中的親朋滿座變成走避不見，家中食指浩繁，求借無門，如此沈重的壓力，更讓父親的氣喘病一發不可收拾，家道從此中衰頹敗。

父親曾經是黃家的少爺，平日就以各種樂器作為消遣，再加上本身非常有音樂天分，任何樂器，不管是琵琶、月琴還是二胡、嗩吶，到他手裏都可以發出悠揚的旋律。

賴以維生的產業遭到查封的那段灰暗歲月裏，父親乘著還有點精神與體力，就去曲館教音樂，主要是教北管，因為不管是亂彈戲班還是迎神賽會，北管的泛用性比較強。此外，父親還會各種笛子、洞簫、揚琴、古箏等樂器，只要是國樂或戲曲音樂，有人想學，他就會教。

但學音樂的人並不太多，為養活一家十口人的經濟壓力下，我們全家都必須動員起來，想辦法減少家裏的開銷，增加微薄的收入。

我會去撿柴給母親燒飯燒水用，一般普通家庭會買煤球炭火，而我們家只能從天地之間撿一些免費的柴回來燒。鄉間小路的竹子、鄰居割剩的稻草、棄置不用的字紙，都可以拿回家燒。

母親跟親戚鄰居講好了，我們這些孩子一大早就去幫他們摘豌豆，摘完再上學去。摘豌豆必須在清晨四點就開始摘，乘朝陽尚未露臉，露水還沒蒸發，趕緊摘下，否則整個豆莢都會軟掉。親鄰們教我們如何辨識，例如豆仁鼓脹起來的才可以摘，否則辛苦耕種的勞力就空費了。

秋收則是幫忙割稻，好心的農人叔伯都會蹲下來，手把著手，親自示範怎麼抓住稻稈，又如何俐落地割下稻莖。割完了稻子，就去幫忙攪打稻穀，我還記得第一次使用打穀機的時候，完全不知道怎麼操作，手中的稻稈沒有抓牢，打穀機一拉扯，整把稻子都被攪進去，白白損失了人家一把稻子，那一把，可夠我們家吃上一餐呢！

還好叔伯們沒有跟我計較，不厭其煩地教我如何在稻田裏向老天爺討一口飯吃。那真的是討一口飯，有時候，在田埂間看見幾撮遺落在地上的穀粒，都會歡喜莫名地把那些穀粒收拾起來，拿回家給母親加飯。

我大哥一開始先去當學徒，學洗、燙衣服，包括縫補的功夫，他都學會了，後來就去彰化當洗衣服的師傅，開始把賺到的錢寄回家，只要是跟衣服、毛巾、棉被有關，都難不倒他；姊姊在家照顧我，準備她的護士考試與實習。全家動員，是為了讓父母親不要再為錢的事情煩心，讓家庭經濟可以維持下去。

一直到我十九歲，慢性病纏身的爸爸才百般不捨地離開了我們。父親除了心臟病，還有氣喘、風溼性關節炎、一點胃病，但我卻從未聽到他抱怨自己的身世，或是怨懟蒼天在他窮困的日子裏加諸這麼多病痛。

父親總是安安靜靜地，有時候哼著小曲子，在院埕裏搓些草繩，劈點柴薪，替家裏積存一些小東西，以備不時之需。父親任勞又坦然的生活態度，深深印在我腦海中。

有一次，隔壁村的孩子嘲笑父親氣喘，說父親走路駝著背，像背著一個笨重的龜殼，就罵我是「蝦龜（哮喘）子、蝦龜子」，我一時氣不過，帶著我們這村的孩子，隔著一條溪就跟他們打水仗，武器全都是溪邊的小石頭。

我的臉上當然是掛了彩，回家被父親看到，聽我說明了原委，父親也沒多說什麼，就讓母親先為我敷藥。臉上帶著青一塊紫一塊的藥水痕跡，父親說話了：「來，跟阿爸去外面走走。」

我以為自己要被罵了，但父親只是牽著我，在鄉間小路上漫無目的地散步。

「你看。」父親指著地上一根倒下來的乾癟竹節：「我們鄉下囝仔都脫赤腳（打赤腳），那個竹子是有刺的，這個都要撿起來。」

「阿爸，這哪撿得完，竹子那麼多！」

「傻孩子，那你跟人家生氣，不也生不完！」父親原來是饒有禪機地說：「這種竹刺如果踩到不小心就破傷風了，你撿一根，就是救一條人命，勿以善小而不為。但是一樣的，如果你生出了這麼多細刺，扎壞了別人，那就不好了，不是嗎？莫以惡小而為之啊！傻孩子。」

父親就是如此，用他的「身教」給我示範了榜樣。

而後，我在茫茫苦海之中，叩入慈濟宗門，跟隨著證嚴法師的衲履足跡，投注心力，走到今日的無悔無愧，其實跟當年父親對我的期許，相去不遠。

那是我吃過最營養的午餐

溪湖國小，位於溪湖庄，是由楊集、李聲洲等地方耆老慷慨捐地而成立的，自日治時期以來，就是彰化地區非常重要的學校，只要是有一點經濟基礎可以培養小孩念書的家庭，都視溪湖國小為第一志願，爭相把孩子送來就讀。

日本戰敗前，校地廣大的溪湖國小，因為入學人數愈來愈多，就利用一部分的閒置校區，創建「東溪湖國民學校」。光復後，東溪湖國民學校改名為湖東國小，與原本的溪湖國小同樣是地方上的重點學校，非常重視學童的適性教育。

我在湖東國小度過了充實的六年小學生涯，接受導師指定參加各項語文競賽、聽從父母安排努力準備升學考試、擔任班長及獲選模範生等榮譽，豐富多彩的求學時光砥礪了我的心志，直到現在我都深深感受到父親讓我就讀湖東國小的用心。父親希望我能夠接受良好的教育，有一天能走出鄉村，去認識更開闊的世界。

剛入學的時候，父親的工廠生意還做得有聲有色，戰後國民政府帶著兩百萬軍民同胞從大陸撤退到臺灣來，小小的埔心鄉湧進了許多不同口音的人，單調的小農村一時間變得十分熱鬧。

這些逃難來的同胞們，因為前線戰況吃緊，後方逃難的路線顛簸險峻，上船之前就已經丟捨了許多身外之物，家當都很輕便，需要新的衣物保暖禦寒，父親的成衣廠業績因此突飛猛進，訂單有時候多到必須分派給其他同行支援，或是聘請臨時工，才能順利出貨。

專心於事業的父親，請傭人協助母親扶養我和弟妹，又聘僱三輪車伕接送我上下學，我雖然不曾這麼自誇過，但當時的確經常聽到鄰里鄉親喚我小少爺。日子過得殷實豐厚，父母依舊身體力行著勤儉努力的美德，即使是人人稱羨的小康之家，每日三餐都是十分簡樸的飯菜，我與弟妹穿戴的衣物也都是兄姊長大之後穿不下而換下來的。

直到三年級升四年級的那個暑假，家裏的經濟才開始落魄。

母親拿出了她的金項鍊，掂了掂重量，交到父親手上。我記得母親說，那是她的嫁妝。父親也拿出了十幾條——聽他說是當年阿公留下來的金條，在那裏秤著，每秤一次，他就挑一塊較小的金條放進口袋裏，走出家門去。出門前，父親看見我，摸摸我的頭，說：「灶腳（廚房）有你母親煮的紅豆湯，去喝吧。」但是面無表情。

傍晚父親就會回來，帶著一大袋米、一顆白菜、兩條鹹魚、一隻殺好的老母雞。依然是面無表情。孩子哪懂得黃金的價值多少，又不曉得金條在當時可以換得多少食物，豈會理解金價波動的全球意義呢！就算父親當時真的把金條都典當光光，那時候的我也無法真切地體會這一來一往之間的衝擊。

與我切身相關的，就是傭人跟人力車伕都被辭退了，我每天得花一個小時以上的通勤時間，往返家裏與學校之間。成衣工廠結算之後還有一點盈餘，但貼補父親替人作保的虧損，我們家所有的財產就只剩下這間遮風蔽雨的祖厝四合院。

父親把較大的金條收到一個小木盒裏，不到最後關頭，是怎麼樣都不願給當鋪剪去的。當鋪的人有一柄油壓剪，可以把金條剪成一段一段的，有一天下午，我幫母親做家務，在臥房疊衣服的時候，摸到父親襯衫口袋裏有一小截金條，謹慎地掏出來交到母親手裏。我曾經親眼見過的大金條，曾幾何時縮得那麼小了？

聽了父親的話，走到廚房想舀一碗紅豆湯來喝，這才發現母親已經不像以前一樣用煤炭球烹煮食物了，而是改用撿來的乾柴。我也是從那次開始，一瞬間長大了，覺得自己要替家裏做點事情。但一個小學生能做的事情太有限了，於是我就想到可以乘放學的時候，撿一點乾柴回家；或是拿家裏空的矸仔（瓶子）去換錢。雖然都是一些微不足道的小事情，但多少可以減輕家裏的負擔。

現在或許很難想像了，從前每個家庭裏都有的那種傳統大灶，母親煮一頓飯，得燒柴生火，還要加減柴量以控制火候大小，煮一餐下來沒有灰頭土臉，就算是技術很好的媳婦了。例如菜脯蛋是現代家庭最家常的菜式了，可是從前哪能這麼奢侈地吃雞蛋，一盤蛋皮煎得赤金酥脆，蛋心鬆滑軟嫩的菜脯蛋或蔥花蛋，至少得用上三到五顆雞蛋，還有大量菜油大火猛攻，讓大灶上的鍋鼎瞬間燒熱，基本上已經算得上是大菜了。而今煮飯容易多了，火一開就有，雞蛋又便宜，菜脯蛋竟成了尋常人家吃都不願意吃的家常便菜了。

為了撿足夠柴火，讓母親能燒桌好菜，我總是費上不少心思。例如放學繞遠路去撿柴；例如攀折一些乾枯的樹枝當柴；例如偷偷摸摸去拿人家撿好，放在屋外沒收進去的柴。

而這撿柴歲月，自從有了《漫畫大王》，我就省心省力多了。放學鐘響，出了校門，大家都趕著想要去雜貨店，搶看最新一期的《漫畫大王》，我是趕早就看完了，但我沒吭沒哼，跟著大家一起跑去雜貨店。他們一邊翻，我就在旁邊聽他們嘰嘰呱呱，有的人喜歡諸葛四郎，有的人欣賞真平，總之沒人喜歡魔鬼黨。

我看出了他們的心思，當他們意猶未盡地放下《漫畫大王》的那一秒，我不慌不忙地悠然言道：「話說，諸葛四郎的閉眼劍法練到爐火純青，耳朵變得極為靈光，走到魔鬼黨所在的據點，鬼洞不見天，那是個張著眼都五指不清的地方，諸葛四郎毫無懼怕，眼睛睜著，單用耳聽，右手一劍劈去，左手一鏢擲去，唰唰兩道血花噴出，還聽見兩聲哀號長鳴。他們全沒料到，諸葛四郎的功夫進步如此神速。」

「這是哪一集？」

「哪一集？哪一集也不是，這是還沒畫出來的劇情。」

「那你怎麼會知道？」同學質疑我編出來的故事，但我也早有對策了。也許是受到父親的影響，從小聽父親講那些戲曲裏的歷史故事與神話傳說，漸漸地我也學會自己編故事，有時候就在同學間當消遣一樣，沒有邊際地說些同學們從未聽過的故事，與大家打成一片。

「你也不想想我阿爸是誰，他是北管師傅耶，這些戲，老師他們最有腹內（內在才學），最會講故事了，《諸葛四郎》的作者還要拜訪這些老師傅，去聽以前戰國時代、三國時代的故事，才有辦法給你們畫新的漫畫呢！」當時我也沒多想，就猜說大概是這樣吧，後來有人研究了《諸葛四郎》的作者葉宏甲，光是「諸葛」跟「四郎」這兩個名字，原來就是從京劇裏的諸葛亮跟楊四郎楊延輝脫胎出來的，以諸葛亮的「忠」和楊延輝的「孝」，創作出忠孝兩全的漫畫人物。

古代英雄美人等各種故事的形象與認知，都是來自戲曲，我拿著《諸葛四郎》問父親的時候，父親不敢肯定百分之百就是如此，但「諸葛」跟「四郎」，的確是戲曲人物中最常搬上舞臺，而且故事為人津津樂道，足智多謀又勇武無雙，真的很像諸葛亮跟楊延輝的合體。

我一邊說，同學們聽得把原版的《漫畫大王》都給忘了。他們拉著我不讓走，說想聽我講故事。

「繼續說嘛，天還那麼早。」

「對啊，你再多說點。」

我勉為其難地看著他們，說出我的難處：「可是，我阿母要我撿柴回家，不然今晚就沒飯吃了。」

同學們一方面想聽我的故事，但又不知如何是好，面面相覷。正苦惱之間，有人提出了個好辦法。

「那我們幫你撿柴啊，你就說故事給我們聽。」

「對耶，阿存，你說多少，我們就撿多少。一個故事，換你一擔柴，怎麼樣？」孩子們手腳快，一擔柴不用半個小時就撿得完。

「好是好，可是我撿完柴，還要去幫阿母買蔥買菜。」

「那也沒關係，我們陪你買，你就專心給我們說說，諸葛四郎後來怎麼樣了？」

起初，大家就跟說好的一樣，幫我撿柴、擔菜，而我就負責不斷編新的故事給他們聽。有幾回我剛好編到了後幾期諸葛四郎的劇情，無巧不成書，彷彿我真的認識作者葉宏甲一樣，說出來的故事雖然沒有如出一轍，但多半頭尾相似，或情節雷同。

聽我說故事的人愈來愈多了，後來，我只要把擔柴用的簍子往路口一擺，不用叫喊，只要專心講故事，剛放學的孩童們就會邊聽故事，一邊愉快地幫我把一簍一簍的柴撿滿。當然也包括他們家要用的柴。

某天回家，父親在床上午睡，床頭櫃擺著我看完的《漫畫大王》，看來這部漫畫也吸引到父親的注意了。當晚餐桌上，父親教給我好多說故事的方法，他還說，《漫畫大王》裏面有些人物設定很好，但是故事說壞了，說故事還是要有點生動的表演，才會吸引人。

說著說著，他就在餐桌上比畫出劍法或掌法應該要用什麼身段；好人跟壞人的語氣要怎麼區別；女人或老人的聲調又要怎麼變。我並非頭一次看父親展現這些技術，但那天晚上，我著實地感受到老師傅的爐火純青，是可以信手拈來的。

小學導師就是這樣發現了我的天賦，她知道我既有家學，又有說故事長才，鼓勵我多參加演講、朗讀等語文競賽，除了可以為校爭光，最主要的還是可以磨練自己的口才與思考能力，而且還有獎金可以拿。

我記得起來的比賽成果，包括朗讀比賽打進區域賽，對手是另外十間小學的參賽者；繪畫比賽曾經獲得表揚，貼在校園穿堂；書法比賽拿過獎狀，到現在我都還能寫上一點秀麗的毛筆字；演講比賽的成績最好，好幾次都打入縣級賽。我應該是我們黃家第一次，也是最多次站上縣政府講臺，對著臺下評審與數百位觀眾發表演說的人。

比賽需要勇氣，之所以能有這樣的勇氣，有賴於國小二年級的導師王秀珠，無論是演講比賽還是課業上，甚至是生活上的慰問，一直都很支持我、勉勵我。她就像疼自己的孩子一樣疼我，每天中午放學，她都會請我到她家一起用餐。因為師丈是湖東國中校長，所以他們一家都住在校長宿舍，木造的日式宿舍，住著導師、師丈和他們的一雙千金。

還記得王老師總是可以很快地整治出一桌紅燒魚、炒青菜、打滷麵，屋子裏滿溢著一種蔥薑蒜爆香的氣息，帶點辣度，跟母親拿手的爌肉、滷蛋、羹湯那種鹹甜綿軟的香氛截然不同。

王老師還會做各種包著豆沙餡、花生餡、芝麻餡、棗泥餡的可愛小點，戰後物質缺乏的年代裏，要能吃到一口甜食，是極為不容易的事情，王老師會把家裏剩下的最後一小袋赤砂糖，全都做成湯圓或酥餅，分給班上的孩子們吃。

飯後，王老師帶著我和她的女兒們，一起學注音符號、寫功課，她還特別叮嚀我，不只是要好好用功讀書，更要好好吃飯。

走出父母的呵護，每個人的求學生涯中，都會遇到那麼一位影響著自己的老師，導師王秀珠是第一位影響我生命的老師，她既有父親那種嚴肅而嚴謹的教學態度，又有母親堅毅又溫暖的膚慰情懷，她的教誨，我一刻也不曾忘記。

四、五、六年級雖然都換了不同的級任導師，王老師偶爾還是會請我去她家吃飯。

「最近家裏還好嗎？」王老師夾了一口菜，放在我的碗中。已經有兩天沒吃到熱騰騰的白米飯了，我看著蒸騰的熱氣在飯菜上竄，眼淚不由得滿溢在眼眶內。

「要好好吃飯，知道嗎？」

王老師沒有多問，也沒有多說，但是我想她應該已經從其他級任導師那裏聽說了，黃永存家的經濟狀況出問題。

「老師做了幾塊紅豆餅，你帶回去給媽媽，好嗎？」

那天離開學校的時候，書包裏裝滿了紅豆餅，我望著學校對面的埔心糖廠，糖廠的門總是深深鎖著，也沒看過糖廠工人進出工作，一節節運甘蔗的列車在平原上奔馳而過的景象，只有聽父叔輩們偶爾講起，彷彿是一場遙遠的夢。

糖廠機組受到戰火波及而毀損，製糖工作停頓了，百廢待舉的糖廠，剩下廣袤無人管理的甘蔗田，那些甘蔗就成了鄉間小孩的天然零嘴，有些膽大的孩子翻進糖廠裏，拿柴刀偷砍一根個頭比我們都還高的甘蔗，隨意斬成數截，拿到廠外賣錢。一截一角，大家吃得津津有味。

能夠嘗到一口甜味，在當時可以說是非常奢侈的事情，對比今日甜分過量而造成各種疾病，以及身體的負擔，那個年代的糖，簡直是砂金一樣的貴重物品，閃耀著淺棕色的光芒。王老師家的飯菜，還有那一包紅豆餅，是我此生吃過最營養、最豐盛的午餐與點心。

我經歷的八七水災

在我小學最困頓的時候，接觸了基督教，一度受洗成為基督教徒。那是埔心鄉的羅家厝基督堂整修完工，派傳單到鎮上來，要請大家吃頓飯的契機。

鎮上拜土地公、媽祖婆、王爺公的宮廟都很多，教會教堂非常罕見，由於基督堂幾年前開辦了孤兒院和教會學校，所以鄰近幾個鄉鎮的人都曉得羅家厝基督堂的慈善事業，有些做了神明契子的大人，覺得神明之間有個聯誼的機會也不錯，就攜家帶眷來到基督堂共襄盛舉。

教堂是用福州杉與臺灣檜合建而成的歐式建築，上百年的老教堂，充滿溫暖，那餐他們稱為喜筵的聚會，一邊吃，牧師還一邊講解基督教天父的愛。我們小孩子聽說有飯可以吃，當然歡天喜地赴宴了，聽得不太深入，只顧著吃東西，但恍惚間我知道了，西洋人的神就跟我們的神一樣，慈悲、愛著祂的子民們。只要有求，就能必應，用基督福音的話說，叫做：「叩門就開門，尋找就必尋見。」

「來，大家多吃一點喔！弟弟，你太瘦了，要多吃一點。」剛剛還在臺上講解聖經的牧師，走下臺來，穿梭在席間，他沒有坐下來吃飯，而是不斷招呼大家用餐。他拍拍我的肩，要我多吃一點。

那陣子，父親的工廠遭到查封，一家人處在飢餓狀態，每天三餐不繼，朝不保夕，所幸基督教堂請各村村長整理清寒家庭的名單，除了提供美援麵粉、麥片幫助貧困家庭之外，教堂內的信徒也會主動捐獻物資。我們家就靠著基督教的援助，撐過了最困頓的時機。因為這樣的因緣，有一次，我手裏還提著一袋麵粉，便主動開口問牧師，能不能讓我受洗，成為真正的基督教徒？

牧師倒是很開明，他說：「沒關係啦，大家都是上帝的子民，我的你的，都是上帝的，你就拿去吧！受洗的事情，還是要等你父母親同意了才可以。」

基督教的接濟，讓我們家至少還有一口飯吃，當時基督教的牧師不會禁止我們拿香拜拜，也不會特別區分誰是信徒或非信徒。父親覺得總是伸手拿人家的物資不是很好，聽說我想要受洗，還可以去教堂當小義工，就不算白拿人家的了，即使父親信奉的是西秦王爺，也沒有阻止我上教堂去做禮拜。

上了幾次教堂，聽了蔡牧師的宣道，還有唱詩班莊嚴的詩歌，我和姊姊就受洗成為基督徒。當時父親的身體已經不太好了，有很多病痛，他也跟著我們去了幾次教堂，蔡牧師建議父親去彰化基督教醫院接受治療，無論是在身體還是心靈，基督教都用了很柔和的方式親近人群。

成為基督徒之後，我第一個學會，而且也十分受用的就是迫切禱告。在我往後求學、謀職、創業的歲月裏，都派上用場。第一次迫切禱告時，感受到這個世界上的確有一股比人類更強大的能量，是在一九五九年八月七日這天。

還記得前一個颱風剛走不久，新聞播報要提防西南氣流，也就是人家說的「風颱尾」。鎮上的人都不敢大意，把家裏的雞鴨關好，放在高架子上，水田也為了防洪而把水都放掉。即使如此，還是比不過老天爺發威發怒，三天降下破千公釐的強降雨，彰化成為水鄉澤國，總共兩百二十八位民眾喪生，是全臺災情最慘重的地區。

我們家也淹得一塌糊塗，大家七手八腳地爬上屋頂，等到回過神來，終於有心思仔細看看這水災的景象時，才發現我們家的雞籠鴨籠早就不知道漂去哪裏了。本來還打算把雞鴨賣掉，多少貼補一些家用，但就這樣付諸洪流。

無助地望著農田化為汪洋一片，鄰居們也都站上屋頂了，大家相互慰問了幾句，確認家中大小平安，就不再多說話。因為知道接下來即將面對漫長的飢餓，節省力氣，才是上上之策。

父親的氣喘也因為淒厲的雨勢而發作，我們把可以用的棉被都帶上屋頂了，一家人瑟縮在屋頂上，像一窩隨時會翻倒的孤雛。於是我開始迫切禱告，向上帝祈禱，讓雨水趕緊消退、讓父親趕緊恢復健康、讓村民都可以平安無事。

上帝像是回應了我的禱告，高漲的水位還沒完全消退，但雨勢漸漸小了，一群身穿雨衣頭戴斗笠的人，手裏拿了一個茄芷袋，裏面裝了像是麵包、開水之類的物資，他們手牽著手，挨家挨戶從我視線看得到的嬸婆家、姑丈家、阿伯家……一路走來我們家這個方向。

「主賜平安，你們需要食物跟水嗎？不用客氣喔！」斗笠下的那張臉，我認得，就是教堂喜筵上，拍我肩膀，要我多吃點飯的牧師。

「牧師好。」我認出他，欣喜地大叫，在屋頂上向他揮手。那時候還小，我心裏只覺得原來西洋神也是真的，真是靈驗。

「你跟弟弟、妹妹們在照顧爸爸、媽媽啊？好乖好乖。來，多給你們兩個麵包，待會水就退了，我們會再跟公所的人一起來幫忙打掃環境，你們要保重喔！」牧師不畏半截身子都泡在水裏，對著我們這些受災戶喊著加油打氣的話，那一聲聲、一句句都是溫暖人心的良藥。

一九九一年，大陸發生華東大水災，那時候我已經是慈濟委員了，在證嚴法師的指示下，慈濟人帶著物資飛到上海，轉往安徽，深入現場去勘災。看見災區比當年八七水災還要嚴重的景象，宛如人間煉獄一般，我強忍著淚水，心裏懷念著當年牧師那堅毅的神情，還有法師的囑託，我堅強起來，用笑容安慰每個孩子，就像當年牧師安慰我們一樣。這是後話。

水災過後，大家忙著整建家園，父親經過這場大難，身體愈來愈不好了，正在彰化基督教醫院實習的姊姊，當時有個論及婚嫁的對象，為了賺一點聘金，也為了讓父親沖喜，姊姊決定早點嫁出去。

姊姊在護理工作上認識了姊夫，實習護士一個月不到三百塊的收入，貼補家裏還算有點幫助。在小學任教的姊夫，每個月有六百元薪俸，但他們成家生子都是開銷，而且嫁出去的女兒潑出去的水，斷不可能讓姊姊還跟姊夫拿錢給娘家。也就是說，姊姊出嫁之後，每個月家裏就會短少三百塊的收入，萬般無奈，父母親跟鄰居親戚打聽到當前嫁女兒的聘金行情，約莫兩萬到五萬。

「開口吧！誰來開呢？又不是賣女兒，開這樣的價碼可好？」「大家都這樣訂的，而且我們女兒不是不會賺錢，如果他肯讓女兒繼續在診所上班，那少收一點也是應該。」「笑話，哪有媳婦還在外面拋頭露面的。所以我說，還是收整數吧！」……

我在大埕外面看著三隻跟教會借錢買來的母雞正悠閒踱步著，但側耳聽見了父母親的憂慮。隔著一張藍染的薄門簾，大概他們也不覺得是什麼難以啟齒的事情，這裏的每一戶每一家，凡是有女孩子的，都曾經煩惱過這樣的問題。當然，也聽說某些性情差一點的父母，或是跟女兒關係處不好，收聘金收得很凶，果真是把嫁女兒當一門生意在經營了。

「雞母啊雞母，你若是能生一顆金蛋下來，姊姊就可以繼續住在家裏，我們家也就不必這麼煩惱了。」我當時這樣說，母雞像是有靈性一樣，喔喔喔叫了三聲，啵地下了顆蛋。白蛋，雖然只是白蛋，每天固定下蛋替我們加菜，也算沒白養了。

暴風雨後的日子特別晴朗，掃除了汙泥後的大埕，風很涼爽，但吹上心頭難免有點惆悵。空蕩蕩的大埕，這裏可曾經是人稱「黃府宴」的所在啊！

我在院埕內聽著風，聽著，彷彿那些音樂歌舞也都回來了。父親拉著弦仔（二胡），他的兩個弟子敲著鑼鼓，酒席間站起來的那位是小姑媽嗎？喔，阿姑穿著旗袍，乘著醉意還沒消退，唱了一小段北管。

大家報以熱烈的掌聲，連隔壁鄰居也一起同歡，圍了三大桌，滿桌子的菜，都是母親跟幫傭整治出來的。母親謙虛地端上桌勸筷，人家誇她好手藝，她搖搖頭說只是小吃。這桌如果只能算是小吃，那大概全村全鄉，甚至是全縣的人，都沒人懂得吃飯了。

我小孩子吃得不多，倒是記得汽水喝了不少。大人們談笑歡歌，我跟各個不同齡的親戚小孩們，在稻埕裏隨著夜風奔跑、遊戲。一個不小心，黑松汽水的玻璃瓶踢倒了，鏘啷啷幾聲，抬起頭來看，那母雞踢倒了一支空酒瓶，什麼音樂啊酒席啊親戚啊，全都消失不見了。

一切恍如幻夢一場。

父親頻頻出入當鋪，或是與人周轉借錢，雖然都盡量如數歸還，但真的很難如期，久而久之，人們聽到黃北辰來了，就躲到亭仔腳（騎樓下）裝不認識。我那群一起在清涼夜色下跑跳的同宗兄弟們，也都離得遠遠的。

姊姊的婚禮只弄了兩桌酒席，而且沒有那些奢華的菜款。幸虧親家不嫌棄這些，大方地把兩萬聘金交到父母親手裏，但姊姊知道，此去新竹，將來很難可以再回來侍奉父母。她有了彷彿賣身的勇氣與苦痛，眼眶噙著淚水不讓它掉落，但父親一句話，她就潰堤失守了。

「新娘神尚大，毋通哭，知否？」

這種事情真的哄不得，一哄就哭。父親話語才落，母親跟我還有弟弟，都哭得不能自已。大哥性情比較堅毅，他就是鼻頭紅紅，拿了一個紅包給姊姊。

那天晚上，我們家人都沒怎麼睡，早早到臺中謀職學洗衣技術的大哥也難得回家一趟，兩桌酒席彷彿當年，吃吃喝喝到三更，說起了許多小時候的回憶，有哭有笑。父親的心懷似乎也開闊了一點，我想那對病情是有幫助的，大概就是所謂沖喜的意味了吧！

姊姊出嫁後不久，大哥也漂到臺北，家裏的重擔慢慢落在我肩頭。而父親的身體卻是一日不如一日了。

穿著麵粉袋，騎著孔明車

八七水災只是我成長生涯中的一段插曲。水災發生前，我們家幾個兄弟姊妹就懂得幫忙負擔家業，水災後，我更是學習了大哥與姊姊的意志力，即使打零工也要扛起家計。

當我十二歲左右，長到可以騎著家裏那輛幸福牌二十四吋鐵馬時，就已經和姊姊一起去批橘子賣了。姊姊騎二十八吋鐵馬，她載大籠，我載小籠。賣得最多也賣最好的，就是員林的椪柑，員林出產柑仔，這種椪柑可以久存，乘年節人們要拜神明討吉利，可以先賣一波。賣得差不多了，賣水果的商人就教我們用沙子和稻草鋪在水果籠裏，只要水果籠的透風性好，一層沙子稻草、一層椪柑，這樣椪柑就可以保存很久，等到年節過去，市面上的椪柑都出完了，四、五月的時候還有新鮮椪柑可以賣，這樣就能賣到更好的價錢。

一邊賣東西，一邊還是要念書。求學過程中雖然都遇到很好的老師，但偶爾也會有一些老師對我有偏見。一來是家境貧困，常常沒辦法準時交齊學雜費，在我們那個年代，交不出學雜費的小孩幾乎就等於壞孩子，是要去走廊罰站的。交不出錢不是小孩的錯，但不知道為什麼大人就是用這種方式來處罰小孩，特別是窮人家的孩子。那天回到家，我沒有提起被罰站的事情，因為我知道那只會平白增加父母的負擔。

這樣的過程，讓我更珍惜可以工作的機會，一放學就趕緊騎著腳踏車，跟姊姊去兜售水果。我要努力賺錢，不要讓人瞧不起。

有些老師對我頗有微詞的另一個原因，就是我太愛打抱不平了。我大概真的以為自己是諸葛四郎吧！

班上有一個家裏開屠宰場的小開，因為餐餐都有豬肉可以吃，營養好，所以長得比其他同學還高壯，他仗著這個優勢，老是喜歡欺負同學。我小學當了六年班長，被他欺負的同學，當然會來找我告狀，我看他這樣作威作福太久了，就出面制止他，誰曉得我這一制止，公親變事主，他就衝著我來。

生平頭一回打架，我當然毫無防備就被他拋了出去，這一拋不得了，大概真的激發了我的鬥志，居然想都沒想就撲上前去，一陣暴打。但營養不良的我，拳頭力道太弱了，他毫不在乎，又是把我拋飛，就這樣連續拋了八、九次。

這時他已經驕傲起來了，對著我挑釁。我忽然想到，諸葛四郎對於打不過的敵人，都是用智取的，所以我第十次進攻的時候，看準了他的下盤不穩，猛一抓他的小腿，往上一提，使出我全身的力氣，居然真的把他給翻掀過去，摔個倒栽蔥。

他本來就人高馬大，摔起來比我們這種個頭小的更嚴重，滿臉是血地跑去找老師告狀。同學們雖然都鼓掌歡呼，但我還是被罰站了兩節課，而且老師也通知家長，說我在學校跟同學打架。父親知道原委後，雖然沒有罵我，但也還是叮嚀我，君子動口不動手，能夠說服對方，才是真正的勇士。這也讓我銘記在心。我這種見義勇為的性格，除了父親的身教言教、諸葛四郎的影響之外，其實還受到五年級班導張鴻明的潛移默化。

當年我考上省立員林中學，但是根本沒有錢註冊。放榜那天，我臉上一點喜悅都沒有，走過穿堂的時候甚至在哭，張鴻明老師在旁邊看到了，覺得奇怪，就來問我原因。

「聽說你考上省立員中了，很好啊，怎麼在哭呢？」

「張老師，我……我們家沒錢，考上了也不能去讀。」老師不問還好，一問我又哭得更大聲了。整個穿堂都是我的哭聲。

「好好好，不要哭，老師幫你想辦法好嗎？」

能有什麼辦法？小學六年級的我，當時天真地以為老師口中所說的辦法，就是幫我去跟省立員中的註冊組老師講情，讓我可以延後或者分期繳付學費。我以為老師們都是可以相互幫忙的，所以就點點頭，讓老師幫我想辦法。

後來，張老師把一疊鈔票拿給我，要我去註冊的時候，我才曉得原來張老師把他跟師母存的結婚基金先給了我，還發動全班募款，一塊、五塊地累積起來，存了一千塊左右，就為了讓我去繳學費註冊念書。

我本來說什麼都不敢收下那筆錢，但老師要我好好念書，不要辜負大家的好意。當下我就篤志決定，將來一定要報答恩師，幼小的心靈吶喊著，將來我要賺錢，我要報師恩、報同學恩。

多年以後，在張老師要退休那年，我跟他商量要發獎學金給鄉下學子，希望能把老師的這分恩情傳遞下去。那年，碰巧是納莉颱風侵臺的日子，我看見故鄉滿目瘡痍，當年八七水災的噩夢彷彿又在眼前，也更確信我要獎助鄉里學子的想法，是一個非常正確的決定。

張老師的結婚基金幫助我度過第一學期，但第二學期馬上又要繳學費了。平常我都省吃儉用，五角錢買土豆（花生），或是用教會給的麥片泡熱水，放到蒸飯箱去蒸，蒸的時候我放在最上面，麥片會鼓脹起來，比較有飽足感。

怕被同學看見我吃得太寒酸，就去福利社買豆乾，配母親給的只有白飯的便當，遮遮掩掩地把午餐吃完。

這時候，第二位貴人出現了。初中導師袁澤田很早就發現，每次到了午餐時間，我就形跡鬼祟。他當然知道我不是去偷去搶，像我這樣的學生他看得多了，知道我怕被人瞧不起，也知道我在煩惱第二學期的學費，袁老師就幫我牽線，介紹我去鳳梨會社（公司）做罐頭。

臺鳳那時候就在省立員中的斜對面，有很多工讀機會都是放給員林省中的孩子去做。寒假，我都在工廠的輸送帶前與鳳梨為伍，每天回到家，身上都是濃濃膩膩的鳳梨味。鳳梨罐頭有兩種，一種是把心打掉，絞成果汁；另一種是機器切成鳳梨片，直接裝成罐頭，我主要是負責罐頭的裝箱與搬運，都是粗工。

我常說，國小的時候靠員林的椪柑，初中就靠員林的鳳梨，我是真正員林土生土養的孩子，如果沒有這些農作物，我一定早就餓死了。鳳梨工廠的日薪大概二、三十塊，一個月最多拿六百，薪水都交給父母親去維持家計。

袁澤田老師還介紹我去申請霧峰化工和基督教的獎學金來繳學費，由於我的成績優異，很快就接獲通知可以拿到學雜費的全額補助。但因為申請需要學業成績單，加上送件審查的時間拖沓，所以當補助費下來的時候，都已經開學一個月後了。

這期間，註冊組長知道我沒繳註冊費，動不動就叫我去訓話，甚至還說沒錢就不要讀書，去做苦工！他明明知道獎助學金的作業流程本來就會延遲，也明明知道我有申請到獎助學金，但還是用這種方式來苛責學生。走廊上不只我一個學生，只要是沒準時繳錢的人都會被罰站。如今想來真是荒謬至極！

被罰站那天，我在隨堂測驗的考試卷背面，寫滿了錢錢錢錢錢錢錢錢，寫了超過一千遍。袁澤田老師看在眼裏，常常來鼓勵我，所以我沒被打倒。

第二年暑假我決定去賣枝仔冰。穿著中美合作的麵粉袋做的衣褲，騎著終於可以勉強跨上去的二十八吋鐵馬，一開始我先賣豆腐。去豆腐店批豆腐，批好了就放在水箱裏，到處騎，到處叫賣。賣豆腐的經驗不太一樣了，因為少了姊姊助陣，我一邊騎車，卻不敢叫賣，騎到油車店，停了半小時都不敢喊。這才曉得當年姊姊帶著我，大喊「椪柑、椪柑」的勇氣。

好不容易騎到一個廟口，幾個歐巴桑在拜拜，看到我年紀輕輕在賣豆腐，就專程來跟我買。她們圍在一起教我怎麼喊，怎麼叫賣，我也因此漸漸有了自信，開始邊騎著車，邊喊出叫賣聲來。

豆腐賣了一陣子，有點積蓄了，聽人家說「第一賣冰，第二做醫生」，我就去批冰棒，跟冰棒工廠租了一架冰籠，放在鐵馬後頭。冰籠利用鐵桶可以保冷的特點，只要在中間層放滿冰塊，冰籠四周就可以讓枝仔冰暫時不會融化。

一枝冰的成本是一角，我賣兩角，賣不完的冰還可以退給冰棒工廠，算起來是個不錯的生意。

賣枝仔冰不用叫賣，只要一邊騎著腳踏車，一邊搖鈴，聲音迴盪在巷弄間，人家就知道賣冰的來了。無論是暑假，還是天氣熱的假日，都可以聽到我沿路騎車的搖鈴聲。

弟弟國小畢業，家裏沒錢讓他去註冊，只好讓他先跟著我賣一陣子枝仔冰，等賺夠了錢再繼續升學。但是弟弟太老實，儘管我把賣冰的路線讓給他，把熟客都讓他去做，熟客卻反過來欺負他，說他們認識我，會把枝仔冰的錢給我，索性都來賒帳吃冰。弟弟不疑有他，常常這樣被近乎詐騙的手段惡意賒帳。

每次批五十塊的枝仔冰出去，回來還倒賠五塊，導致我常常要出面幫他討枝仔冰的錢，得不償失。後來我就教他，一手交錢一手交貨，小本生意恕不賒欠，他才慢慢掌握到做生意的技巧。

當然，我的商道也不是那麼一帆風順，有一回我想騎遠一點，去拓展一下新的商圈，多載了兩架冰籠，想說多賣一點是一點。但一架冰籠就要兩個大人扛了，更何況兩架，仗著自己頗有經驗，而且賣冰一定是愈賣愈輕，所以就載著兩架冰籠騎往大三角潭那個方向。

在埔心，有一個地方叫大三角潭，坡度很高，但只要過了山坡，就有市集跟住戶聚集。雖然那個坡度站在山坡下看著都有點害怕，但我只要想到可以做更多生意，奮力一衝就騎上山坡，結果還沒到半山腰，我的腿居然沒了力氣，車子動不了、開始倒退，啪地一聲整輛腳踏車跟兩架冰籠全倒了，所有的冰塊跟枝仔冰都撒在地上，被午後的烈陽一晒，沒幾秒就開始化水。我看到這景象不由得放聲大哭，但還是記得一邊哭一邊撿，救回多少是多少。

剛好山邊有間柑仔店，柑仔店的人聽到一聲巨響，走出店外看到我的慘況，三、四個大人趕忙跑過來，看我在撿冰塊跟枝仔冰，也趕緊幫我撿，還把我扶到路邊去休息。他們幫我把腳踏車立起來，說我都踩不太到踏板，還載了這麼重的冰籠，勸我換小臺一點的腳踏車。

但我怎麼能換，小臺的讓弟弟騎去賣冰了。當年也是姊姊騎二十八吋的，我騎二十四吋的；我是哥哥，說什麼都要想辦法騎二十八吋的車來賺錢啊！他們這麼勸，我也只能點點頭，慢慢收起眼淚。

那時候的思緒，滿腦子是嫁到峨眉的姊姊不知道過得好不好、弟弟的冰是否能多賣一些，幾乎忘了自己剛從山坡上摔下來。

【第二卷】

我也算是北漂前輩呢！

每天都缺工人的年代

除了獎助學金補助我繼續註冊念書之外，賣枝仔冰的盈餘、鳳梨罐頭會社的工資，大部分都留給家用，家裏吃飯的人多，加上父親的病又久拖難癒，沒有健保的時代，吃藥看病對一般家庭都是非常難以負荷的開銷，更何況是我們這種家道中落，又缺乏謀生技能，只能靠打零工維持的家庭。傳說有那種幾甲田地的財主，只因為家裏出了個哮喘的長孫，竟把半壁江山都賠上，一家人最後淪落街頭的故事，其實一點都不荒謬，而非常寫實。

初中畢業之後，我去考了臺中師範學校，落榜後又在新民工商夜間部讀了兩年，才因為家計問題而黯然肄業。

考臺中師範學校的時候，父親給了我一位堂哥的電話與地址，因為當年父親資助他去開洗衣店，算是有聯絡的親戚，本來打算在準備考試和等待放榜的期間，暫住在他那裏。結果因為時日久遠，當我按照地址和記憶找到堂哥家的時候，堂哥一家早就搬走了，如今的房客和鄰居都不知道他們搬去哪裏。

找不到堂哥家，我又急又慌，算一算身上的錢，只夠吃飯，不夠住宿，只好抱了決心睡在臺中火車站，一邊看書，一邊等待隔天的考試。

那天陰雨綿綿，理著平頭、穿著省立員中制服的我，瑟縮地坐在車站臺階大概三個多小時吧！一位女生走過來，看了我一眼說，剛剛就注意到我了，還看了看我的書包，便開口問我需不需要幫助。

「你是外地來的嗎？省立員中，員林人啊？」

「嗯。」我沒敢多回話，這是我第一次跟班上以外的女生講話，她一開口，我就趕緊站起身來，像是跟老師對話一樣謹慎小心。

「你是來參加考試的嗎？」

「嗯，師範學校。」

「喔！但是你怎麼在這邊？你家人呢？」

「聯絡不上，我也不知道該怎麼辦。」

「我是來考護專的，這樣吧，我待會要去住旅館，不然我先幫你出旅館錢要不要？」她作勢就要拿錢出來給我。

「這怎麼好意思，我們又不認識。」我嚇得趕緊握住她的手。她臉紅地看著我突如其來的舉動，她好像也沒有這樣被陌生男子握過手。

我最後還是沒有收下她的錢，一個人在火車站一邊打瞌睡一邊看書，結果隔天的成績考得非常差，當然就落榜了。

回到家裏，父親雖然沒有對落榜發表什麼意見，倒是他聽到親戚的街談巷議，說我跟黑道幫派混在一起。

「我聽到人家說，你之前跟什麼小金龍幫還是牛頭幫的在混，對不對？是不是這樣才沒考好？」父親說是親戚聊天時無意間講出來的，親戚只記得，那時我還在員中半工半讀，有時候從鳳梨會社下班，或是剛放學走出校門，就說常常看見我和小金龍幫的人走在一起。

「不是啦，小金龍幫的人是我的同學，我沒有跟他們混幫派，只是跟同學走在一起。」我的解釋聽起來有點牽強，因為實際上我也替小金龍幫出過一些主意，去對付他們的死對頭牛頭幫。但我認為我不是混幫派，就是幫同學出口氣而已；就像我小學的時候，挺身而出替同學出口氣一樣。

小金龍幫主要是學生組成的，其實也沒做過什麼壞事，就是每天遊手好閒，有廟會陣頭就去幫忙，不然就是在路上向女生亂搭訕。

但牛頭幫不一樣，他們是社會人士組成的，全都是二十出頭歲的大人，跑到學校附近甚至混進學校裏面來，就是想吸收幫眾，壯大聲勢。

那個年代，由於政府公權力無法貫徹到每一個角落，在鄉下地方苗壯發展的黑道，不但擁有很大的勢力，甚至都過著有頭有臉的富裕生活，完全不用避諱警察，基本上連警察都要看他們的臉色。

也因為這樣，只要底下有點人脈，手邊有點錢，就會想創造一個新的幫派，想方設法在黑白兩道之間撈些油水。牛頭幫就是這樣成立的，幫主好像是某個村長的長孫；小金龍幫也差不多是這樣集結起來的，幫主是埔心某校校長的兒子。

那天，牛頭幫的人要找小金龍幫算帳，說小金龍幫裏面有人追走了牛頭幫的人想追的女孩。一個很無聊的理由，其實主要是想藉此打擊小金龍幫，然後吸收小金龍幫成為牛頭幫的成員。

幫主跑來問我該怎麼辦，因為對方都是有武器的社會人士，單憑穿制服揹書包的小金龍幫，怎麼可能打得贏牛頭幫。

我也不知道哪裏來的頭腦，叫小金龍幫的人，放學走出校門就把制服都脫掉，把省立員中的書包先藏到附近的柑仔店，不要讓人認出員中學生的身分。

「為什麼？」

「你們穿著制服，又揹著學校的書包，牛頭幫的人很容易就認出你們，脫掉制服之後，每個人都是平頭，他們哪認得出來？只要他們認不出來，我們就可以找機會抓幾個落單的，各個擊破！」

小金龍幫幫主和兄弟們聽到我的分析，是又喜又狂，準備了球棒、木棍，依計行事，埋伏在街角，只要出現落單不知情的牛頭幫分子，上前就是一陣悶棍毆打。

那天，他們打了一場漂亮的勝仗，但我只是個出計謀的人，並沒有真的參戰。

「哇，我們今天一口氣幹掉六個牛頭幫的耶！」

「還是你這個小諸葛厲害！走，跟我們一起去慶功。」

我推辭不掉，就只好跟著他們一起去冰果室慶功。我不是怕有人認出我跟他們走在一起，而是我知道小金龍幫今天算是一炮而紅了，但牛頭幫日後一定會來尋仇，必須趕緊想好下一個對策，小金龍幫才能全身而退。

但也就在這個時候，不知道被哪位親戚瞧見了，通知我父親。

父親聽完我的說法，當然是相信我的，但他還是希望我可以把書念完，然後盡量遠離幫派生活。

「那這樣吧，我去臺中找工作，讀夜間部，白天工作的錢也比較多，還可以遠離他們。」我其實搭火車回彰化的一路上，都在盤算這件事情，臺中應該是可以讓我們家脫離貧困的一個契機。

「臺中啊？」父親嘆了一口意義深遠的氣，已經兩個孩子遠行他鄉了，連我也要離開，那家裏會有多冷清，母親會有多寂寞？但父親知道，這是不得已的，只能勉為其難地同意讓我離家去打拚。

我自己都沒想過，這工作的念頭一動，我就這樣從那時候持續工作到現在都還沒退休，每天努力認真地過日子，每天努力認真地工作。

我的第一份正職，是在臺中一間柑仔店打工，因為知道我是夜間部學生，老闆對我很好，給我的月薪大概有三百塊左右。剛上工第一個星期，父親突然急診住院，需要保證金八百塊，家裏東拼西湊還差兩百塊，我就跟老闆預支了下個月的薪水。我還沒展現工作態度，就得到老闆這麼好的信任，我當然更加勤奮認真，專心做好老闆交代的事情。

平常沒客人的時候，老闆讓我在店裏讀書做功課，早上八點到店裏面打掃內外環境，清點貨架庫存，中午跟老闆一家一起吃飯，下午四點多就可以下班，準備去學校念書。

在柑仔店學到很多進出貨跟記帳的訣竅，這也奠定我後來在商場上擁有靈敏判斷能力的基礎。來柑仔店的客人很多，各行各業，我也多半能從他們的閒聊當中，了解到這個社會的運作模式，這是我在埔心鄉下從來不曾有過的體驗。

也不知道是否有宿世的緣分，有位出家師父很常來柑仔店買鹹菜、麵筋、白米等乾糧雜貨，雖然我已經受洗了，但每次見到他，總是會想到基督堂的牧師和修女，所以也虔誠恭敬地向出家師父合掌敬禮。

我跟神職人員的因緣很深，星期天去教堂做禮拜的時候，就常常跟牧師、修女聊天；家裏拜的是西秦王爺，所以也結識乩童、道士，他們都是跟我們家很親近的良師益友。但這是我頭一回這麼近距離地與出家師父接觸，冥冥中有一種很特殊的情感藏在裏頭，只是當時年紀小，無法意會這種感覺究竟是怎麼來的。

來買麵筋的師父常常笑著看我在櫃檯算帳，他說看我年紀輕輕就很努力，破例要送我幾句話。

「師父請說。」

「我在俗家的時候學過一點觀相，你的面相，感覺是個很勞碌的人，但是你會得到賢妻之助，什麼困難都可以撐過去。比較可惜的是，按照面相來說，大概可以活到六十五歲。但那是面相，人定勝天，多吃齋念佛、消宿業，就可以轉危為安。」那位師父再次強調：「本來出家人是不幫人算命的，但我們相逢即是有緣，你要多努力。」

什麼賢妻，什麼年壽多少，我都不懂，但是「多努力」，這是至理名言，我牢記在心的就是這句話。

在柑仔店工作了差不多半年，老闆看我勤快認真，但是家裏又很缺錢花用，在他那邊有點大材小用，就介紹我去他的弟弟那裏做工。他弟弟開建材行，那個年代的房子大多都是磚砌，但是臺中市區已經開始有各種鋼筋水泥的公寓與高樓了，建材行跟工地的工作機會很多，各種營造產業的生意好得不得了，每天都可以領現金，真正是臺灣錢淹腳目。

建材行在旱溪街那邊，幾百公斤的水泥每天搬進搬出，一個月可以賺六百塊，足足是柑仔店的兩倍。但也要付出相當代價，六百塊大概有一百塊得花在國術館，請老師傅推拿整骨，老師傅每次推我的脊椎骨都警告我，如果再搬下去脊椎骨就會變形，慢慢就會長骨刺。但就跟那位出家師父的警告一樣，六十五歲又如何？長骨刺又怎麼樣？我們家連明天的早餐在哪裏都不知道，努力賺錢之外，我是永遠不敢奢望未來的。

人家腳踏車一次載兩包水泥、一百公斤，我從小就載慣重物了，一次可以載四包水泥、兩百公斤。有一次客人叫了十包水泥、五百公斤，我跟老闆借了三輪車，硬是要拉去北屯。那時候從旱溪往北屯的方向，有很多爬坡的路段，我跌過也摔過，哪裏還怕爬坡。

賭著一口氣也要拖，但人的體力終究是有限的，大概拖到半路，有一個特別陡的山坡，真的拖不上去，費了渾身的力氣就是拖不上去，每拖一步，就往後倒退兩步。我滿腦子想到的不是拖不上去無法跟老闆交差，而是父親長年與疾病為伴，母親獨力帶著孩子們努力討生活，便不由得放聲大哭。我們家這麼一路走來，面前都是逆風，腳下都是陡坡，走一步退三步，多麼辛苦啊！

也是貴人相助，剛好有一位老阿伯，他和孫子正在附近散步，看到我哭得可憐，就和他的孫子一起來幫我。他的孫子跟我差不多大，但身體比我強壯太多了，三兩下就把三輪車推到坡頂，老阿伯還說他好人要做到底，執意要幫我推到北屯去。

好不容易推到了工地現場，距離交貨時間已經遲了快一個鐘頭，工頭有點生氣地看著我，但老阿伯幫我說盡好話，說我很認真啊很努力啊什麼的，工頭大概是看在老人家的面子上，也就不跟我計較了。

我也沒有辜負老阿伯的一番好意，後來幾趟往返旱溪建材行跟北屯工地的路程，我都加緊腳步，準時將水泥送達。工頭看我真的是個勤奮打拚的年輕人，有一天他就直接跟我開口了。

「不然你跟我學蓋房子吧，我們這個現領的，比較好賺。」

「但是，我什麼都不會。」

「不會我教你啊！」工頭剛說完，就拿了塗水泥的抹刀，開始手把著手，教我拌水泥、塗水泥。但我真的沒有這方面的天賦，學了半個小時都學不會。

「慢慢來，大家剛開始都是這樣的。」工頭說：「我跟你們老闆商量，你以後跟我邊學邊做，一個月大概可以領個一千塊左右，要不要？」

本來還苦惱著不會抹水泥，聽到一個月可以掙一千塊，說什麼我都要學會！我告別了前老闆，也還了預支的薪水，感謝他的照顧，最後，在建材行撥了電話回家裏，讓家裏放心。

「所以，阿爸，你不用擔心，我從柑仔店到建材行，再到現在的工地，都遇到很好心的老闆，都管吃管住。阿爸，您就好好養病，我會照顧弟妹們的！」

臺北曾是滿懷溫情的城市

在工地做了不到三個月，不知道是老闆還是工頭，居然把工程款拿去賭錢，全都輸光了。輸到賠上公司都不夠還，某天清晨就捲鋪蓋跑路，留下我們幾十個工地師傅跟小童工學徒，一臉茫然望著地基都還沒來得及打好的空曠工地，不知道明天在哪裏。

管吃管住的工作沒了，我也不願在外多浪費錢，於是決定先回家一趟，與父母親商量未來方向。

父母看到我回家當然很高興，但是難免擔心少了我一個月一千塊的薪資，下個月不知道又要怎麼度過？

「不然你去臺北找你大哥好了。」父親說：「他在那裏跟你嫂嫂已經生活好一陣子了，應該會有辦法的。」

「可是，臺北那麼遠。」在臺中工作，要回家還算方便，上了臺北之後，就比較沒機會回家了。

那時候臺灣還沒有高速公路，省道有一些野雞車超量載客，南來北往最安全的交通工具還是火車。但火車票價高，而且有首末班車的時間限制，時間運用比較不自由，太晚或太早都沒車可以搭。

大哥還在彰化當洗衣店師傅的時候，就是搭火車往返埔心與彰化，我和父親會輪流騎腳踏車去接他，稍微算一下時刻表，通常晚上六點多就能在埔心車站接到大哥。但有一天，大哥不知道被什麼事情耽誤了，我在車站等到晚上十點多，甚至等到末班車都抵達了，十一點多還等不到大哥。站務員勸我回家，我才準備騎著腳踏車回去。

腳踏車踩亮了車頭燈，不知道大哥的行蹤，那燈影閃閃爍爍，宛如我惶恐不安的心。

途經大三角潭附近的時候，在不遠處的墳場，看到一明一滅、飄忽不定的鬼火，起先我還不以為意，結果那兩團火竟跟著我騎了一路，我往前騎，它們也往前飄。我盡量不去看它們，但它們卻一直飄到兩座墳前，忽然停在墓碑上。

鬼火這麼一停，真的嚇到我了，我趕緊踩了剎車，不敢再往前進，怕它們這樣一路跟我回家。不停還好，一停下來，竟眼睜睜看到那兩團火，化作兩個人影飄進墳裏。

我嚇得大叫出來，瘋狂踩腳踏車離開，一直踩到三間厝附近，剛好父親也騎著車子從對面過來，見到父親我才感到心安。

「還是沒等到你哥哥嗎？」

「嗯。」

「那，不然你跟我一起去等吧！」

「好，好。」

我不敢提起剛才見到鬼火的事情，只能乖乖跟在父親的背影後面騎著，掉頭騎往車站的方向去。騎經過大三角潭的時候，我的兩眼只敢注視著父親的背影，連餘光都不敢多瞄。然而，也是這樣的契機，我看著父親踩腳踏車的身影，已經不像小時候那樣輕巧機靈，多了很多頹然無奈的感覺，每一下都踩得有點力不從心。那一晚，我是這麼真切地感受到父親的衰老。

我跟父親最後在埔心車站又多等了二十幾分鐘，終於見到趕搭末班車回來的大哥。原來他被老闆留下來加班，說是要多教他一些關於衣料品的知識，但其實就是超時工作又沒加班費可以領，變相壓榨大哥的勞力。不出幾日，大哥便嚷嚷著說在彰化賺的錢太少，又常常會加班到差點沒火車可以搭，於是就帶著大嫂跟剛出生不久的孩子，一起上臺北創業打拚。

大嫂是大哥在髮廊認識的，每天都打扮得乾淨整齊、漂漂亮亮的大嫂，居然會願意嫁到我們家，也是難以想像。

大嫂的生活習慣跟父母親不太融洽，例如鄉下地方都習慣用肥皂當清潔用品，只有分洗衣服的水晶肥皂跟洗澡的香皂，但大嫂常常把身體洗得香噴噴，整間浴室都滿室馨香，卻把香皂收起來，說是怕小孩子浪費，只留水晶肥皂在浴室裏。

就這樣，我們從頭到腳，從裏到外，都只有水晶肥皂可以用。類似的事情還有很多，例如人家送來好看的蔬果，總是先被她藏到房間裏去，說她坐月子很辛苦，要補補身子。

母親想想也是，為了自己的長孫，就沒跟大嫂計較那些小東西。但看在我們孩子眼中很不是滋味，不是我們吃不到、用不到，而是我們從小被教育要孝順父母長輩，有什麼好東西，當然都是先給父母親用，父母親疼孩子，才會留給孩子用。

跟著成長背景不同的大嫂，大哥漸漸地也學起了那種生活方式。

所以，大哥、大嫂搬出去的那天晚上，母親在餐桌上說：「也好，住不習慣，也不用勉強。」看是有點鬆了口氣的樣子，但心裏還是希望一家人都住在一起。

父親要我北上去找大哥、大嫂，我本來心裏是有一點不甘願的，但父命難違，我也沒有特別反對。

但最主要的是，村子裏發生了一件大事，是關於小金龍幫的事。

在我離開埔心，到臺中打拚的那幾年，小金龍幫跟牛頭幫果真如我所料，兩幫械鬥不斷。這讓我後悔了好幾年，如果當年我不要提出那種以暴制暴的方法，或許可以化消他們之間的怨氣。證嚴法師曾說：「常與人爭吵結怨，心靈即如地獄。」果真是半點不虛。

最後有點像是逃亡一樣，漏夜趕著末班車北上，因為小金龍幫的幫主，那埔心某校校長的兒子，居然光天化日之下，被牛頭幫的人活活捅死在家門前。雖然我早就跟小金龍幫沒有瓜葛了，但弱小的心裏難免會想到，這千頭萬緒，我也要負點責任。又怕對方知道當初是我給小金龍幫獻計，無論是找我尋仇或是拉我入幫，對我來說都是很苦惱的事情。

我一心只想好好工作，讓家裏脫離貧困，讓父母不要憂慮，所以當我聽說小金龍幫幫主被殺害的時候，當天下午就準備好簡單的行李，和父母親與弟妹們一起用過晚飯，即匆匆踏上北漂之路。

剛到臺北，大哥先是在泉州街幫我安排了一個住處，和他的朋友古先生住在一個三塊榻榻米大小的房子。那時候汀洲路的鐵道還沒拆，但火車早已經停駛了，空蕩蕩的鐵道旁，剩下兩排房子都是違章建築，大多是我們住的這種雅房，廁所、浴室都是共用的，而且往往是好幾十個人一起共用，髒亂不堪，居住品質比鄉下還糟糕。一時間，我迷惘了，完全不敢相信這就是人人嚮往的城市生活。

古先生是賣盆栽的，他做了很多造型盆栽，沿路叫賣，但這種收入太不固定，盆栽跟花也不是天天都有人買。我心想著不是辦法，就買了份報紙，開始找工作。

第一個工作是在新莊的三德地磚工廠做塑膠地磚。塑膠地磚是用一臺專門的模型機來打模，剛報到當天，老師傅就萬分叮囑，說這種打模機很危險，每次要把地磚放進去切出花紋，千萬要小心自己的手，確定地磚穩固了，手離開機器，再去切花紋，絕對不能趕工貪快。

雖然是這麼說，但我上工還不到一個月，就有一位比我早幾天報到的工人，可能一時心急沒注意，硬生生切斷了兩隻手指，當場連血都沒來得及流，可見那模型切刀多狠多快！

救護車拖了很久才來，聽說這樣的工安意外，公司是不給付保險的，那位工人的手指頭想必是接不回去了。回到家我就跟大哥商量，這樣做下去太沒有保障了，不如辭職另謀他路。

後來，去五常街一家叫做「宮前五金」的銅工廠，薪水比三德好，而且有保險，比較有保障。但我沒想到熔銅是這麼危險的事情，高溫把銅熔成液態，像水一樣倒進模子裏塑型，我每天做的事情就是負責把接銅液的管子接好，確保銅液順利進入模具裏。

有一次也是那個倒溶液的管線沒拉穩，幾滴銅液飛濺出來，噴在我腿上，當時穿的牛仔褲直接燒起來，同事們趕緊幫忙滅火，直到現在，我的小腿肚上都留有被銅液燒灼的痕跡。

宮前五金的老闆比較照顧員工，他沒有辭退我，也給我貼補了一些醫藥費，知道我小時候就是靠騎車做生意的，腳底下風風火火能輪轉出不少利潤，就改派我去踩三輪車送五金零件。

騎車是我的老本行，運輸貨物更是我的天職，我一直埋首做事，不外乎就是東貨西運、北物南傳，現今是通運公司的董事長，其實始終都在一個老本行裏打滾，「貨暢其流」大概是最符合我的形容詞了。

好不容易生活穩定了，卻接到父親過世的噩耗。

那個時候，四個弟弟和妹妹都還留在埔心念書，我固定會寄錢回家。當時在宮前底薪有一千五百塊，我自己根本花用不到多少，扣掉房租跟基本開銷，湊一湊每個月可以寄六百塊錢回家。大嫂知道了就說，我在外面工作很辛苦，她可以幫我把這些錢寄回埔心，這樣我就不用跑郵局和銀行辦理那些手續了。

我不疑有他，就這樣傻傻地把錢交給以為可以信任的大嫂，直到某天，母親發來兩封緊急電報，說父親病篤難癒，已經過世了，但是連一口薄棺都買不起。我這才發現，每個月請大嫂轉寄的六百塊錢，竟然都被私吞，沒有寄回家去。真不知道那段時間父母親是怎麼過日子的，我痛恨自己的不孝，只好找大嫂理論，她說那些錢是替我保管，沒有私吞，但是我要她拿出來替父親安葬，她卻怎樣都不肯拿出來，一副就是我拿她沒轍的樣子。

父親的喪禮非常淒涼，我們連什麼法師、陣頭都請不起，只有幾位出家師父發好心，免費幫父親誦經超度。母親拜託東茂棺木店的老闆，剛好有善心人士捐了一副棺材，父親才得以安然下葬。

父親當時葬在梧鳳村公墓，許多年來，我在臺北四處奔波，惦記著要將父親的墓修得更完善一點，一直到一九七三年創立了公司，漸漸有點經濟能力了，就毅然決然將父親遷葬到臺北，目前已經撿骨，安住在土城的觀自在塔位。

由於父親的棺木是別人捐贈的，所以當我有經濟能力之後，每個月即聽從母親的教誨，添購兩具棺木寄放在當年幫了我們一把的東茂棺木店裏，提供貧寒的亡者可以走得安穩，一如當年父親蒙受的恩惠一樣。

母親還在世的時候，每個月最心心念念的就是東茂棺木店的那兩口棺木是否還在。當然是希望一直都在，那就代表沒有死人，如果少了一口，或甚至兩口都用掉了，母親就會催促我趕緊再多寄付兩口棺木。

父親的喪禮上，只有比較親的幾門親戚到場致哀，還有父親生前教過的北管子弟們，很莊重地替父親披麻戴孝。一日為師，終身為父，這是他們戲曲人的規矩，有一位叫許華的先生，從小看著我長大，他就是治喪委員會主委，協助悲傷的母親，把父親的身後大小事打點好。但那些曾經在我們家大吃大喝，把酒言歡的親戚，全都像是忘記我父親的存在似地，也忘記了父親的消失，人沒到，奠儀也沒到。

我跟大哥、大嫂一起回埔心，姊姊也帶著姊夫和兩個孩子回來奔喪，但喪禮沒有辦法按照古禮那樣做滿好幾個七，草草地只花了幾天就結束了。

母親說，希望讓三弟跟著我一起上臺北找工作。因為發生六百塊錢寄丟的事情，所以母親也不太敢拜託大哥什麼事情了。當年跟著我一起賣枝仔冰的三弟，在辦完了父親的喪事後，也跟著我一起北上找工作。

徵得了古先生的同意，三弟和我暫住在泉州街，他找到了一份做徽章的工作，每天跟化學藥劑為伍，也是做到手都起水泡。但他跟我一樣，從小就懂得吃苦，也沒有半句抱怨，每天我們兄弟兩人就是一起出門上工，晚上前後腳回到泉州街的家。

而賣盆栽的古先生通常比我們晚出門，又比我們早回家，他看我們兩兄弟很努力打拚，有時候就會買些零食涼水，讓我們吃個消夜，也是頗能安慰身在異鄉的煩悶。

又過了一陣子，四弟也北上，這下泉州街住不下了，大哥跟大嫂商量過後，大嫂勉為其難地租了永和大陳文化街的透天厝，樓上樓下整理一下，一樓當他們的洗衣店，二樓就讓我跟三弟、四弟睡一間，他們夫妻跟孩子睡一間。

四弟比較內向，他上來臺北之後沒有去找別的工作，而是跟著大哥學洗衣服的技術，然後透過大哥的引介，輾轉到針織廠去繼續學習衣料品的洗整與包裝。

我心裏知道，大哥家是不能久住的，只要有機會，我一定想辦法帶著兩個弟弟一起另謀生路。

永遠的父親

懷念父親的事情說得很多了，但也是永遠都說不完的。

父親生意還可以的時候，母親常常去工廠監工，順便給父親或工廠的員工準備簡單的吃食。

母親的手藝很巧，常常看她在廚房水裏來火裏去，就能變出好多豐盛的菜餚。某年中元節，家裏按例要殺雞普度，祭拜好兄弟，母親把這件事情交託給鄰居阿姨，轉身就趕著去工廠為父親送飯。

鄰居阿姨看我當時年紀小，可能是想讓我多學一點東西，就叫我去把雞捉來，她要教我殺。我那時候還不到十歲，不但不會捉雞，更別說是殺雞了，鄰居阿姨最後還是自己動手，她走到院埕上，三兩下就把滿地亂跑的母雞抓了起來。

「來看，我來教你。」

「我不敢看。」我還記得當時自己近乎求饒的聲音。雖然孩子只要能吃得到肉，都會感到十分滿足，更何況我們家不是天天都能吃肉的富裕家庭，但我真的不敢也不忍看宰殺活物。

出社會打拚了幾十年，曾經有一段時間迷上釣魚，但我的釣餌都是用米糠跟黏土做成的素餌，有時候釣上了魚，還會把魚放回海裏去，就算真的要煮來吃，我也只敢交給妻子去料理。我的釣友都覺得我是個不可思議的人，哪有人來釣魚還怕殺生的呢？

鄰居阿姨看我站在廚房外頭，說什麼都要拉著我進去。「不行啦，這樣以後你要怎麼幫你阿母分憂解勞呢？」

縱有千百個不願意，一聽到鄰居阿姨說這樣以後可以幫母親分擔工作，我只好硬著頭皮跟她走進廚房。她教我，先抓著雞的一對翅膀，用紅繩子把腳綁起來，舉起刀子就從脖子割開一痕，拿一個裝好了米的盤子，把血接起來做米血糕，就大功告成了。

鄰居阿姨講得很簡單，當我把雞脖子夾在腋下，手指不情願地拔著幾根雞毛，然後一刀割下去，可能割得不夠深，那隻雞痛得亂踢亂跳，從我手中掙脫，而且我沒綁緊紅繩子，那隻雞一腳就把紅繩掙開，脖子上還滲著血，歪著脖子，在大埕裏亂跳。

我嚇得用爬的離開現場，鄰居阿姨看見了，神色自若地把雞抓回來，用滾水燙熟了，俐落地把雞毛拔乾淨。

不只是殺雞的畫面震撼了我，讓我從此更害怕看到宰殺的畫面，其實更小的時候，我就對殺害動物或是動物死亡的事，感到非常恐懼。

春天的時候，會有小燕子不小心從屋簷的巢裏掉下來，掉下來就飛不上去，牠們的爸媽也不來餵牠，我就只好把牠放在胸口養，慢慢養，有時候可以順利養大，有時候養不過幾天就夭折了。

看到小燕子死掉，我都會難過地掉眼淚，摘幾朵路邊的野花，不拿香，按照我在教堂學到的那些主禱文，自己幫牠舉辦簡單的追思葬禮。

鄉下的小貓、小狗，有時候會不小心吃到死掉的老鼠或田鼠，那些老鼠、田鼠原本都是被農人毒死的，小貓、小狗不知情，很無辜地就跟著被毒死了。

「死狗放水流，死貓吊樹頭」，死掉的小狗會被放到溝圳裏順水流去；死掉的小貓則用袋子裝著，跟一疊銀紙一起吊在樹頭，任憑牠在樹上腐爛。

我很疼愛小動物，每次看到那些小貓不能入土為安，都很想把牠們鬆綁下來。只可惜身高不夠，又不敢拿梯子去營救小貓，因為鄉下的小孩如果做這種事情，一定會被長輩大罵一頓，罵說我這樣做會讓貓妖復生，在鄉里作亂。

在我眼中，這些都是迷信，貓那麼可愛，怎麼會作亂呢！

看著小動物倒在路邊的身影，我都會難過很久，只要有機會就會幫牠們禱告，甚至把牠們好好安葬，祈求天父帶牠們上天堂。我祈禱過的小動物，最後都會埋在後院的土堆裏，那裏，總是會在春天的時候開出特別美的油菜花，總覺得是牠們回來道謝了。

父親看著我對小動物的這些舉動，也聽鄰居阿姨說我被死雞嚇得臉色發白，差點要去讓人收驚，便說我大概上輩子有很深的佛緣，才會那麼慈悲。

「上輩子？」

「對啊，我們人都是生生世世在輪迴，上輩子做了什麼，這輩子就來承受後果。做好事情有好結果，做壞事情就會有壞結果。上輩子是好脾氣的人，這輩子就會有差不多的習性；如果你看到有的人性情很惡劣，那他大概上輩子也是個糟糕的人。像你有這種愛護小動物的天性，那就是上輩子跟小動物有緣分，或者是一個慈祥的人。」

父親用很淺白的方式，第一次為我介紹了輪迴與因果的運作法則。

雖然父親不是佛教徒，但基本勸人為善的雛形，算是說得很完整了。本來以為父親是想用這種說法，看能不能讓受洗信主的我改信佛教，但父親並沒有繼續說下去，只是稱讚我很有愛心，鼓勵我要持續下去。

愈及年長，經歷的人事物愈多，我慢慢能夠體會父親當年敏銳的洞察力，我不但與佛有緣，而且絕對是好幾世的深重因緣，今生才會遇到證嚴法師，成為慈濟的一分子，豁盡全力為眾生服務，推廣佛法的美好給社會大眾。

父親教我太多事情了，當然嚴肅的也有，輕鬆的也有。

天氣好的假日，如果父親體力不錯，也不會氣喘的話，他就會帶著我和弟弟們，或是鄰里的小孩，一起到種滿林投樹的溪邊玩耍。

林投結出來的果子，外觀像鳳梨一樣，每棵樹差不多都有一個大人的高度，是農民種來當作防風林的景觀植物，果子雖然可以吃，外皮處理起來很麻煩，沒有太多經濟利用的價值。

但是有音樂天賦的父親，總是可以把看似無用的林投樹，化為天地間的恩賜，變出更有趣的用途。他教我們把葉子先剝成一條一條，粗厚的林投葉子上面帶刺，父親會先把那些刺都用小刀割掉，再讓我們去剝葉子。

剝好的葉片變得比較輕盈，父親就拿起一片葉子，輕輕一捲，成了一個前窄後寬的喇叭狀，對著窄的那端一吹，還真的吹響了，聲音就跟嗩吶差不多，只是沒有音階。父親在家吹過竹葉，是很尖銳拔高的聲響；林投葉則是稍微低沈，很渾厚的聲音。

那時候的遊戲都很簡單，捉迷藏、跳房子、爬樹摘水果、抓小鳥，有的人喜歡灌蟋蟀什麼的，大自然就是遊樂場。

樂器玩累了，父親就看著孩子們打彈珠或鋼珠，在地上數個不同大小的洞，看撞幾下，進什麼樣的洞，撞愈多下分數愈多、進愈小的洞分數愈高。

父親的眼神總是十分慈藹，靜靜地在一旁看孩子們打鬧，玩著玩著，接近午飯時間，父親的呼吸也有點急促了，就牽著我們回家。回家的路上，父親會給我們講楊家將的故事，講到楊令公跟佘太君報效國家，忠肝義膽，還讓孩子、媳婦都上戰場，保衛國家的故事。我們聽到楊六郎領兵救駕，用計把蕭天佐打敗，救了宋真宗，為國家立下大功而不居功的那種精神，都十分佩服。

祖父母離開得早，父親是大姑媽帶大的，從小也沒有玩具，但是大姑媽很照顧他，父親很感念這段姊弟情。

父親五歲那年感冒發燒，拉肚子拉了好多天，大姑媽揹著他要去看醫師，還沒走出村子，父親就拉了她一身，大姑媽趕緊把父親從背上解下來，用水溝水清洗下身，不洗還好，這一洗就受了凍，埋下了氣喘的禍根。這也不能怪大姑媽，孩子帶孩子，發生這種突發事件，根本不知道要怎麼辦。

以前的醫療資源與衛教常識都很匱乏，證嚴法師很早就看出了「因病而貧，因貧而病」的因果關係，一九八六年終於因緣聚合，帶領慈濟人建設了慈濟醫院，讓貧者也可以看病。

只可惜父親來不及享受到這樣的醫療成果，先天體弱，後天營養失調，在我正要開始努力賺錢的時候，就溘然長逝。講到這裏，我真的很思念我的父親。如果說我的童年是苦過來的，那父親大概要苦過十倍、百倍。

父親告誡過我許多事情，其中還包括我們的祖籍。父親應該是很想回去那個地方看看，究竟黃家第九世祖九靈公，是怎麼樣費盡千辛萬苦，從福建漳州府詔安縣深丘里，度過凶惡的黑水溝，來到臺灣彰化這個小地方定居。

我翻閱過一些地方志，了解到那時候的彰化，非但不是繁華地區，還夾雜著原住民與不同族群的械鬥。從小習慣了埔心、二重湳、黃厝這些黃家聚落，原來是祖先們篳路藍縷，團結一致，齊心對抗外敵的往事，透過父親生動的描述，我也對祖先們生起了崇高的敬意。

所以我決定把我的故事說出來，不是要說我自己，更是要說我的父親、我的母親、我的恩師、還有證嚴法師的故事，把這分情傳下去，讓後世的人都能獲得前進的動力，不再迷惘徬徨。

金門長官的智慧

我在宮前五金待了很久，一直待到我接兵單去當兵為止。

當兵對我來說沒有什麼很大的改變，我一直都過著相當自律的生活，因為是窮苦家庭的小孩，知道自己必須守本分過日子。聽人家說軍中長官常常會有不合理的要求或訓練，一開始當然多少有點擔心，當真正面臨那些指令的時候，即便心中有不平衡的地方，卻知道那是必須挺過去的生命關卡，就像我的童年一樣。

如果真的要說有什麼影響，那大概就是當兵賺得太少，比外面工作少太多了，導致我的收入驟減，也不能多寄一點錢回家，使我對家裏有一分愧疚。

我被分發到臺中的竹仔坑新兵訓練基地，再苦再累的日子我都經歷過，新訓的早起體能操練，或是跑三千公尺，或是單兵作戰，我都算是輕鬆勝任。班長看我身材不高，卻有這樣的耐力，對我青睞有加，只是他要帶一整個班，所以就沒有特別表現出來。但是我可以感受得到，他會注意每個士兵的狀態，雖然年紀只長我一點點，卻是很老練的人。

所有的訓練當中，我的槍枝分解跟射擊打靶的成績最好。不知道為什麼，可能是我學得特別認真，每次打靶練習的時候，都是班上分數最高、槍頭最準的那個，沒有人相信這是我人生第一次開槍。

有一種說法是，可能本來就有這樣的體能天賦，包括瞄準的視覺能力，或是神經的穩定度很好；還有另一種說法，則是我前世可能是神射手、獵人或是將軍，因為帶有這樣的記憶，所以這一世特別容易上手。

我是受洗的基督徒，都會按時上教堂做禮拜，這是我從八七水災那年培養起來的習慣。但難免還是會去思考關於前世來生，特別是父親曾向我說起輪迴的法則，他講的故事大多是輪迴轉世的題材，久而久之，我也相信，可能真的有人會上天堂，有人則會輪迴轉世。

打靶練習是用M1加蘭德步槍，這個在美國已經是退役的老式裝備了，但經費有限的國軍還是勉強拿來訓練新兵。一百一十公分長的槍身，對比我的身高來說，那簡直太長了，拿著都有我半個人高，但最後的結果連我自己都沒想到，二十發居然可以中十八槍，靶子上槍槍致命。所以練習結束後，班長也跑來，偷偷稱讚我算得上是神槍手，問我將來有沒有可能簽志願役？

我想想，我還有母親要奉養，還有弟妹們要照顧，雖然以後軍階升級的薪俸應該是足夠的，但眼下這微薄的薪餉，真的讓我十分為難。我心裏惦念著母親和弟妹們，思念著家鄉，更謹記著父親的教誨，儘管心裏頭曾閃過那麼一個報效國家的念頭，但最終還是沒有簽下志願役。

新兵訓練之後，緊接著就是震撼教育。這個跟現代年輕人談起來，大概他們都會覺得太誇張了，但當年臺海情勢非常不穩定，每天都會聽說某某人可能是匪諜，隨時都有即將開戰的火藥味。

在草木皆兵的氛圍下，我們這些新兵也就不敢太鬆懈，對於一些嚴苛的操練，那些第一天入營就在床上哭得唏哩嘩啦的大頭兵，漸漸也愈來愈能習慣軍中生活。不合理的要求，真的就是磨練，而且是關乎國家存亡的磨練。

震撼教育就是模擬一個戰場，通過所有的關卡才算達成任務，一次震撼教育會耗費龐大的體能，也是驗收訓練成果最好的辦法。我最有印象的是，有一段路我們要匍匐前進，還要躲避假的地雷，雖然是假的地雷，但如果誤觸的話還是會爆炸，只是裏面沒有火藥，是類似空包彈或是拍電影用的道具，會發出巨大的震波，還會揚起大量的沙土。

我親眼看到幾個弟兄被震飛之後，被那震波震到摀著耳朵，倒在地上久久不能移動。而且，整個匍匐前進的過程中，頭頂都有機關槍不時掃射，我們也分不清楚是真槍還是假槍，但看到假的地雷都讓人那麼痛苦了，打死我們都不敢隨意起身，爬得身上滿是擦傷瘀青。

新兵訓練和鑑測結束，按照專業抽籤分隊，正式分派到各個部隊去，進行更專精的軍事訓練。我因為打靶的精準度遠高於同一梯次的平均值，部隊便將我編入極為重要的特種部隊，特種部隊是從傘兵空降部隊一路演變過來的，傘兵總隊也是一九四九年最早遷臺的一支部隊，因為突擊進攻的速度很快，自成立以來，歷經抗日戰爭、國共內戰等戰役，不管是先遣斥候還是開路斷後，傘兵總隊都有很亮眼的成績。

派傘兵空降部隊先來臺灣，就是要維持島上的警備安全，以利後續部隊的登陸與駐紮。我下部隊的時候，傘兵空降部隊已改名為特種部隊，訓練方法與戰術推演的方針，也順應國際情勢，擴增為山地作戰、水域作戰、部隊游擊、假想敵訓練等模式。

一聽到被安排到特種部隊的時候，我心裏非常忐忑。因為當時國共的敵對狀態，都沒有想要和談的跡象，雙方都在探查對方的底細與下限，這種一觸即發、劍拔弩張的時刻，只要有任何風吹草動，特種部隊一定是第一個被派上前線的。

果不其然，我們這一梯次特種部隊的新兵，在桃園龍潭司令部的訓練還不到兩個月，就全被調派到金門，因為接獲情資，敵軍隨時可能像當年的八二三炮戰一樣，再度襲擊金門。

這是我頭一回搭船出海，一顆心懸在半空中緊張得不得了，臨行前我給母親寄了一封限時掛號，告訴母親我要派往金門的事情。母親請人趕緊回信到部隊裏，要我吃飽穿暖、注意安全；我也忍住了即將奪眶的淚水，此去不知生死如何，我們差點都當作那是最後一封掛號信。

搭上了軍用的平底運輸船，厚實的船身裝甲，讓人感覺不到搭上的是船，反倒還比較像在一輛很巨大的坦克裏面。直到離港大概半小時左右，船身已經來到遙望無際的海面了，這時候凶險的海象便開始興風作浪，顛簸的波濤讓人感受到大海的威厲，全船連長官都吐得亂七八糟，人類在大自然面前就是這麼渺小。

到了金門之後，真正感受到戰地的肅殺，每天都有對岸傳來的廣播與警報聲響，空中嗡嗡嗡地盤旋著許多恐懼。

究竟戰情有多嚴峻呢？我們到金門還沒一個月，馬上就移防料羅灣，每人輪流駐守坑道兩個小時，全年無休。用肉眼就能看到對岸，眼前就是生死交關，當地的長官說我們這梯次新兵，主要是遞補前一師的折損，對岸會派出兩棲部隊，也就是俗稱的「水鬼」，乘著視線不明的雨夜，襲擊我們的坑道與碉堡，很多人都被水鬼「抹脖子」，連呼救都來不及，俐落的刀子就讓人割喉斷氣。

我是以射擊的長才進入特種部隊的，提早移防料羅灣只是預先做準備，還不到一觸即發的關頭，槍炮都還用不上，所以我就被指派了一些跑公文的閒差。碰巧行政部的長官看到我毛筆字寫得很好看，雖然我讀的書不算太多，但因為我很早就出來做生意，從初中就懂得記帳，進價多少、售價如何、毛利怎麼盈虧計算，我都很擅長，所以我就以士官的身分，占補了一個少尉的缺。

因為這樣的機緣，我認識了黃富源醫官、鄭家祥醫官、劉華昌醫官，我們直到退伍之後都還時常聯絡，我也因此認定了自己應該是從商的文行人才，不堪做從軍的武行身段。黃富源就是後來馬偕醫院的副院長，劉華昌則是臺大骨科主任，他們都把軍中所學所擅，發揮在後來的從醫生涯中。

常年駐守在金門的長官都說，當年八二三炮戰都是真炮彈，滿天煙硝，當天降下了數萬發的炮彈雨，足足打了三個月，將近五百人陣亡，數千人受傷。想起來我也是撿回好幾條命的人，八七水災我親身經歷過；八二三炮戰後，情勢緊張的金門我也去過，如今還能留下這一口氣，那就代表與眾生的緣分還沒斷，與證嚴法師的緣分還很長，無論如何都得留我一條命下來，把這些故事講下去。

移防小金門之後，我接任代理行政官，負責查哨，我們一人養六隻狗，兩小時換一次口令，每次出去查哨都會牽著狗一起，因為狗比我們靈敏，一點點風吹草動，牠們就會感應到，只要牠們吠叫，整個營都會全神戒備。

查哨的時候我發現到一個奇景，每當壕溝挖好，只要溝裏沒水，偌大的壕溝兩側，就站滿了兩大群青蛙。牠們站在溝道兩側，相互大吵大叫，就像兩軍對壘那樣嚴肅，最後甚至會撲咬對方，在壕溝裏激戰。果真是戰地之蛙，也彷彿隱喻著臺海兩岸的嚴峻情勢。

某天半夜查哨，我牽著六條狗，經過一座碉堡外的哨站，那個站哨的士兵突然叫住了我。

「文書官。」

我拿著手電筒往哨站照，因為夜色很昏暗，又隔了一點距離，那人的臉我看得不太清楚，便喊了一聲：「站住！口令！」

因為一般站哨的人是不能這樣隨便大呼小叫的，他甚至還喊了我的職位，這讓敵方知道的話，是非常危險的事情。

「戰地之蛙。」

這是我兩個小時前換上的口令，聽到正確的口令，我才敢拿著手電筒，牽著狗，慢慢靠近哨站。

「喔，是你，怎麼了？」

「沒有人，沒有人來跟我換哨。」

「怎麼沒人跟你換哨？你後面接的是誰？」

「聶士官長。」

「你站多久了？」

「快四個小時了。」

「我去求援，你再支持一下。」

當時有一位廣東籍的聶士官長，整整兩個小時都沒來換哨，最壞的可能就是他已經被水鬼抹掉了，所以沒辦法來換哨。但我知道這時候還不能自亂陣腳，所以趕緊跑到他們駐守的碉堡去探查情況。

沒想到，他們居然所有人都在碉堡裏賭博。

「士官長！已經兩個小時了，你還不換哨，還在這裏賭牌！」

「你是老幾？你管我換不換哨！」

他那個噴口就是狠話的樣子，我看得出來，他高粱喝多了。隔天早上他將會為今晚的魯莽感到後悔。

「我是代理行政官，我查哨，你不換哨，就是你不對！」

「你一個士官敢管士官長！」說罷他就抽出一把水果刀，指著我的鼻子：「我站哨的時候，你還不知道在哪裏游呢！」

我也毫不示弱，把早就裝好刺刀的刺槍對準他，逼他把刀放下。

如果當時不是旁邊有一群賭到興頭上的賭徒勸架，我們可能已經開打了。自知理虧，又看著下不了臺階的聶士官長，我氣得把賭桌一掀，頭也不回地走出碉堡，去站他兩個小時前就應該站的哨。

隔天朝會，這位聶士官長往上級報告，向孫營長跟杜輔導長陳情，說我以下犯上。孫營長是山東人，杜輔導長是湖南人，因為我的國小恩師王秀珠也是湖南人，所以我們很有話聊；加上我因為擔任文書行政工作，經常跟他們同桌吃飯，他們愛吃的蔥薑蒜跟辣椒，我都很能吃，也交換過很多待人處世的看法與觀點，受益良多。我知道他們對我向士官長舉槍的行為，其實是可以諒解的，但是以下犯上在軍營裏是很要命的行為，一時間成為一個兩難的抉擇。

幸虧孫營長很有智慧，當他接獲聶士官長的報告，應該就已經想到對策了，所以朝會一開始沒多久，他就先把我跟聶士官長叫到臺上去。孫營長先是對全營的人稍微談了一下前一晚換哨的問題，也說了他的看法，接著他就大罵聶士官長，說他違反軍法，必須按照軍法懲處。聶士官長沒想到自己會吃這樣的虧，還惡狠狠地瞪著我的時候，孫營長忽然就轉過身來，迅雷不及掩耳地打了我兩巴掌。

「你身為士官，不可以下犯上，不許再有這樣的行為，知道嗎？」

看起來是懲罰我，實際上孫營長的兩巴掌，是救了我一命。杜輔導長也有因應措施，他寫報告，把聶士官長跟他的親信袍澤調派到大金門去，跟我分隔開來，以免再度衝突。

退伍之後，我還有跟孫營長及杜輔導長通信。兩岸開放探親，他們乘此機會落葉歸根，回到山東牟平跟湖南長沙的老家。他們常常在信中邀請我過去，看看他們老家的山水風光。可惜那時候我忙於事業，遲遲未能赴約，等到我終於有能力去長沙、牟平觀光的時候，他們都已經仙逝了。我永遠記得他們對後輩的提攜與照顧。

【第三卷】

走在情與悟的路上

迫切禱告

退伍返臺，不免俗地帶了金門高粱，還有炮彈做的筆筒、菜刀回鄉。母親與我相見的時候，真的是喜極而泣，我們兩個還有弟妹們，全都哭著抱在一起。但我不能在埔心待太久，想著要和三弟、四弟一起搬離兄嫂家，我得趕緊找到一份穩定的工作。

現在的年輕人應該很難想像，我們那個年代當的都是三年兵，退伍下來，跟社會脫節了三年，職場商場已今非昔比，低矮的平房變成林立的帷幕大樓，讓人頗有滄海桑田的感嘆。

不知道能不能適應得了新的環境，更不曉得哪一家公司願意用我，當我走到臺北火車站的時候，第一次北上謀職的徬徨感，居然如此熟悉地再度湧上心頭。

三弟一樣還在徽章工廠上班，他就像當年那個不會叫賣又讓人賒帳的老實孩子，乖乖地、踏實地待在同一個崗位上。我向他分享了軍營裏的點點滴滴，因為再過不久他也要入伍。

像他這樣並不聰明，但是有大智慧的人，只要時間一長，相比下來的歷練與年資，會比那種到處跳槽又拿不定主意的人，厲害得多了。這也是我從他身上學到的，我一路汲汲營營都在追求更高的薪資，孰不知穩當地找一個職缺，努力拚下去，一樣也可以獲得成功。

回到臺北，暫住在大哥家，大哥有一個熟識的合作廠商叫做大雅針織，無論在生意上還是交情上，都是大哥很好的戰友，透過這層關係，大雅針織的老闆介紹我到香港人經營的劍橋國際通運試試看。

劍橋國際通運的陳經理聽到我的資歷，特別是小時候騎腳踏車賣椪柑跟枝仔冰，又騎三輪車送建材水泥，是個很懂得「貨暢其流」的年輕人，相信我踩車子闖江湖的經歷，所以願意任用我，交付給我一些重要文件的運送工作。

我也用工作能力證明，我不但堪負交託，還是有責任心、上進心的人，到職不過三個多月，業務量幾乎跟年資三年左右的前輩相當了，但我毫不驕傲，對每一位公司的前輩都是恭恭敬敬，謙卑地向他們學習。

我跟著陳經理和其他貨運界的業務們邊做邊學，漸漸地也能再度與這個工商轉型的社會融合。

然而，在我的心靈深處，其實還是有一小塊陰影。

自從父親過世之後，我有了信仰危機。我不知道，為何慈藹的天父要讓我的父親來到這個世界上受苦，雖然父親教我很多東西，但我實在不忍心，也不認為這個世界上，有什麼一定要犧牲誰才能成全誰的道理。如果真的要犧牲，那也是犧牲我，成全整個黃家才對。

我依然還是一個信仰上帝的教徒，除了週日上教堂做禮拜之外，每當發生急難的事件，我都會向上帝迫切禱告。因為我還在尋找信仰的依靠，迫切禱告的神驗，也時常讓我重新拾回對上帝的信心。

除了水災那次之外，還有一次是已經申請到的獎學金，卻遲遲沒有撥款，我回家也不敢跟父母提起，怕他們擔憂。某天我就迫切禱告，希望耶穌基督保佑，讓兩百五十元的獎學金提早下來，讓我可以繳學費，毫無偏差的神蹟就是那次禱告完，隔天獎學金就入帳了。後來我就學會了，在每學期快開學之前就趕緊迫切禱告，雖然有點「臨時抱耶穌腳」，但不知為何，獎學金總是能如期如數趕在開學第一週撥款。

還有一次是大哥慶祝我退伍，又在劍橋國際通運找到了工作，就送給我一雙皮手套，讓我跑業務騎車的時候，手指不會凍僵。那雙手套，我很小心愛護地使用，但有一回拜訪完客戶，正要戴手套騎車的時候，赫然發現左手手套不見了。

起先，以為是放在機車側邊掛著的塑膠箱裏，那時候我騎的是野狼，野狼的後座側邊都會掛兩個黃色帶鎖的塑膠箱子，打開箱子找，裏頭卻什麼都沒有。按照我戴手套的習慣，左右手一定是成雙成對地收在同一個地方，於是我便開始回想一整天的行程，也騎車一家公司一家公司地找，把當天拜訪過的廠商又全拜訪了一遍，就為了找到大哥送我的手套。

我會這麼緊張的原因，不是因為大哥，而是因為大嫂。擔心她會說我糊塗不上心，或是不在意大哥送的退伍賀禮，而使我與大哥之間產生芥蒂。我跟姊姊賺錢貼補家用之前，都是大哥在協助父母維持家計。但自從大哥娶了大嫂，與家人的關係變得有點劍拔弩張。

為了不要落人話柄，我迫切禱告，希望能找到手套。禱告了大概五分鐘左右，手套居然像是被人放回來一樣，已經翻過五、六遍的黃色塑膠箱裏，安好地躺著那隻左手手套。

這些都還是芝麻小事，當陳經理和幾位股東合夥，在長春路自立門戶，創辦大來空運之後，我也跟著一起離開了劍橋國際通運，成為大來空運的業務。

我負責代表公司洽談報價詢價事宜，剛好有一家針織大廠的海外訂單要招標，我迫切禱告希望能拿到這個標案，結果遇到的勁敵是一家黨國關係非常好的通運公司，所有軍方與官方的物資，甚至連很多民間的貨物都被他們包攬了。

於是，我更加審慎思量投標的金額，陳經理給我的底價是每一磅一點一美金，運到洛杉磯差不多沒賠錢，只能賺一點油錢。公司跟我都很需要這筆業績，我在禱告當中，決定以最低標出價。信封一開，我的對手共有三位，他們都報一點二，我報一點一，就這樣順利得標了。靠著那批貨的材積，大來空運賺到不少創業初始的基金，我也分了一些紅利。一點一這個數字，完全是在禱告的境界中，冥冥顯現給我看的。

但是，這種物質上的利益，終究難以解決我的問題。

一邊工作，我一邊去臺北車站附近的南陽街補習英文，因為貨運公司勢必要會一些商用英文，而且我很早就認定未來是英文的天下，學習英文是非常重要的事。

下課空檔，我會在重慶南路書街閒晃，也是這樣的契機，我開始認識到命理、星相、手面相、哲學乃至佛教、道教、密教等各種有系統，也有理論的宗教。那跟父母親逢年過節殺雞宰鵝的傳統民間信仰祭祀不同，而是有一套完整的論述，把人世間和宇宙萬物的秩序歸納出來。

這樣的世界非常吸引我，於是我一個基督徒，開始涉獵各種不同宗教，以及身心靈與哲學叢書，漸漸開啟了我踏出基督教，走進道教，最後走入佛教的歷程。

陳經理和方先生、余先生合股創辦大來空運，主要金主是方先生，他占的股份最大。他們三個人創業之初，我靠著禱告又陸續接到幾筆很大的訂單，生意蒸蒸日上。

但陳經理將手足都帶進公司擔任職務之後，一切都改變了，方先生和余先生慢慢淡出決策，甚至決定撤資。當他們都退股，把微薄的盈餘和紅利提領之後，大來空運就變成陳經理的家族企業了。

我的道德價值觀告訴我，這種過河拆橋的行為非常不可取。方先生義氣相挺，出了超過一半的資本額，讓陳經理可以獨當一面，最後卻鬧到幾乎要對簿公堂。

那個時候我也是迫切禱告，禱告的結果很快顯現出來。松江路上有一家全美貿易公司，是我很熟稔的重要客戶，董事長白先生和執行長葉先生，都耳聞了大來空運的股東糾紛。他們覺得我是個誠懇實在的年輕人，於是鼓勵我自行創業，還牽線介紹了同行的兩位業務員讓我認識。

這兩位業務員就是我後來的合作股東。因為他們公司被美國公司買斷，老闆便資助這兩個人百分之四十的資本額，讓他們出來打拚。白先生跟葉先生覺得既然要做，多一個人多一分力量，不如加上我，所以他們就聯絡同行的老闆，一起把這件事情談妥，讓我們三個年輕人一起開一家新的空運公司。

唯利是圖的商場，還保有這種提攜後進的佳話，真是難能可貴。這幾年偶爾聽說某某董事長贊助年輕人創業，不管是當網紅賣商品，還是研發新的產品，其實都對總體環境有很大的鼓舞效果。身為一個曾經被資助過的人，我當然很支持這種傳承延續的精神，所以我的基金會也好，慈濟捐款也好，都會著眼在如何讓產業更提升，貿易更發達。

三人合開公司當然好，但是我根本沒有資金，雖然其他兩人都同意讓我欠著，一股一萬，先算我百分之二十的股份，我只要拿出四分之一現金入帳，其他再慢慢分期付款，湊足二十萬，就算承認了我的股份。但我那時候才剛退伍不到一年，別說是五萬，就連一萬都拿不出來。

我當然又是迫切禱告了。禱告的過程中，我想起了另一個老客戶，在美國波士頓賣鞋子跟牛仔褲的貿易商，博敦貿易的黃清章老闆。博敦貿易那時候的生產力非常驚人，每個月都是好幾十個貨櫃發去美國。

因為我們都姓黃，算是宗親，也很聊得來，所以我輾轉跟他提起成立公司的事，他一口就答應要支持我五萬，當作是投資基金。我很感謝他，當下就寫一個借據，說這個百分之二十的股份當中，有百分之五是博敦貿易的，未來有任何獲利也必須算上黃老闆一份，就這樣跟他借了五萬塊開始做生意。

那時生意做得很好，第一年差不多就把二十萬的股份都還清，於是我除了借的五萬，還多拿了五萬塊要給黃老闆，當作是他放在我這裏一年的利息。但他卻說不用了，只收下當初借的那五萬，甚至連我手寫的股份借據也還我，堅持拒絕接受這個股份，只希望我可以好好做生意，把臺灣的名聲打響出去。

就是這樣子，我才知道傳承的重要，也是這樣子，雖然我已經開始關注各種不同宗教的理論，但也因為這些貴人接二連三地登場神救援，我慢慢重拾起禱告的習慣，以及對上帝的信心。

父親替我決定婚事

以前放學之後打打零工，幫忙家務的習慣一直保留下來，開始朝九晚五衝刺事業，下班之後依然充分利用零碎時間，不讓自己閒著。

除了補習之外，我還會幫大哥的忙，把他燙得平整的毛衣和針織衫，仔細地包裝到袋子裏，然後再按照不同廠商的訂單，分批放到黑色的大衣籃。每天都會有幾籃這樣的訂單，有的是廠商趕工的新衣服來不及包裝，有的則是過季品送來重新包裝後，再送到其他地方販售。

我幫的這一點點小忙，看似平凡無奇，卻可以節省大哥很多時間，讓他有閒暇去操作更需要技術的洗熨工作。

貨運公司已經漸漸步上軌道，大哥的洗衣店生意也還算平穩，透過大嫂的美髮業人脈，跟幾間髮廊、理容院打了契約，專門負責幫他們做毛巾消毒的工作。晚上我也會幫忙，把毛巾攤平，放到高溫殺菌機裏蒸燙半個小時，然後用鐵架一條條晾乾，最後把毛巾的邊邊角角都折得很整齊，看起來就像是新毛巾一樣，才可以完工交件。

小小的洗衣店，在那個家庭即工廠的年代，每天都冒著滾滾的蒸汽，空氣中彌漫著肥皂水的香味，大家一起努力打拚賺錢的趕工歲月，如今想起來其實頗令人懷念。

有我們這些哥哥在前面打頭陣，三弟和四弟的工作經歷算是非常平順，很快就熟識了臺北的大街小巷，也在職場上交到了不錯的朋友。想當年，我和大哥北上的時候，工作的時間都不夠了，根本沒有辦法去認識什麼新的朋友。

白天在大來上班，傍晚去南陽街補習，晚上還有閒暇就幫忙洗衣店，所以這段時間，我跟大嫂的關係沒那麼緊繃，比較像是一家人。但那種寄人籬下的壓迫感，還是每天提醒著我得早日找到便宜的適當住處，帶四弟搬離。

以大哥、大嫂作為借鑑，我很謹慎地思考未來娶妻的條件，人家說娶妻求淑，我覺得一個好妻子的第一要件，就是必須善良。我可以敬重奉養她的父母親，一如我的父母親，而她也一定要將心比心，把我的母親當成她的母親一樣相互照顧。

那是臺灣錢淹腳目的年代，經濟蓬勃起飛，各行各業都可以賺大錢，任何人都有機會實現夢想；但那也是一個道德觀念逐漸淪喪，人心扭曲，愈來愈不懂得尊重，以相互傷害為樂的年代。錢財來得容易去得快，很多事情就變成金錢掛帥，功利主義變成顯學，凡事都是道義放兩旁，利字擺中間。

自從和臺中護專的初戀女友，有過一段純純的戀愛之後，我就完全不敢再去想談戀愛的事情。一方面是忙著賺錢養家，一方面是遲遲遇不到端莊賢淑、願意與我同甘共苦的人。

朋友和客戶會幫忙介紹女生跟我認識，但大多害怕嫁到一個家累太多的人家。像我們家這樣拖老帶小，又沒有什麼恆產，要能娶到我心目中的理想媳婦，大概是非常困難的事。所以對於交往乃至結婚這件事情，我一直沒有向上帝禱告，反而是順其自然地讓緣分慢慢出現。

在南陽街補習英語時，我認識了班上一位女同學，她姓李，家住永和，當時我寄住在大哥永和的家，地緣之便，有了話題可以互動。我們常一起複習課業，當對方的小老師，用英語自我介紹，用英語聊天，放假就約幾個同學一起騎摩托車兜風。我們雖然像男女朋友在交往，但走在一起的時候，連手都不敢牽，就是漫無目的地散步聊天。

「你有沒有想過，以後要做什麼？」一有機會，她就會這樣問我，問完就馬上說她自己的夢想：「我想到國外去看看，然後，就回來安心地做人家的妻子、小孩的媽媽。」

「我想多賺一點錢。」

「現在要賺錢很容易。那你想過繼續念書嗎？有大學文憑，薪水會翻倍。我一個遠房的表哥讀到博士，人在美國，每天都不用擔心錢的事情。他還說，如果在美國找不到媳婦，說不定就回來娶臺灣女生。」

「我曉得考大學很重要，但我就不是讀書的料。」

「還說呢，我們不是一起在補英文嗎？」

「哈哈，我背一個單字就忘一個啦。」

雖然是笑笑帶過去，但我可以體察得出來她為什麼要提起表哥的事情。她想用這種刺激我的方式，勸我努力上進，但是我要努力的方向，跟她所想的並不太一樣。不僅學校的書讀不進去，每個月固定拿錢回去養家的我，也無法負擔大學學費。

「時間差不多了，我該回去了。」

「讓我送你吧！這麼晚了。」

「沒關係啦，我爸爸今天在店裏等我。」

「喔，我都不知道你們家開店，是什麼店啊？」

「嗯，是前面那間。」

我們本來在公園約會，走著走著，可能是她領著我走向這個方向，她手一指，我們已經走出公園，正對著衡陽路，整條衡陽路少說有十家銀樓，這裏是臺北車站周邊著名的銀樓街，她手指頭停住的方向，有一家招牌寫著某某銀樓，那招牌看起來有點歲月的痕跡，可能是一家老字號的銀樓。

「原來你家是開銀樓的啊！」我有點錯愕，但也感到稍稍寬慰。因為從我們認識以來，不管是日常飲食還是出遊習慣，我絲毫看不出她是有錢人家的女兒，她總是那樣落落大方，不管到哪裏或做什麼事情都很隨和，脾氣也很好。

她很有可能就是我在找的女孩，我的心裏這樣盤算著。

那天之後，她時不時就會提到美國表哥的動態，每次提到美國表哥，她的聲音都會特別輕盈歡快。我沒有多說什麼，還是一樣跟她說了我對未來的規畫，當然也禮尚往來地告訴她，我就住在某一間洗衣店樓上，跟兄嫂一家還有四弟住一起。

一直到很久以後，我們都娶妻嫁夫、生兒育女了，她在《慈濟月刊》看到我的故事，就挑了一天跑來我的分享會跟我重逢。我們當年是那種純純的愛，而且事過境遷都已經幾十年了，見到面也僅僅是淡如水地點頭一笑，相互寒暄。

我之所以沒有跟她在一起，主要還是因為我的父親。

這得從新生南路的三濱貿易公司談起，那時候我已經在補習班認識李同學了，但三濱的老闆跟我說有位姓陳的女孩，叫做陳慧美，人很好很善良又勤快，非常符合我的條件，要介紹給我。我半開玩笑地答應了，還要三濱的老闆幫我去約她出來看電影。

「你說的喔！電影錢我來出，大家做個朋友，我幫你約星期六在西門町。」

「好啊！」我沒多想，約看個電影，無傷大雅。我還很不解風情地選了《秋決》，哪個初見面的男女朋友會進電影院看這種人倫悲劇呢！

反正大家做個朋友，我就毫無罣礙，也沒怎麼打扮就赴約去了。那時候，我也是有點小作怪，故意拖到快要開演的前十分鐘，才好整以暇地踱步到現場。結果這個女孩非但不在意我的遲到，還先把兩個人的電影票都買好了。

「來。」她把買好的兩張電影票都交到我手裏。

「嗯，你拿一張啊！」

「你是男人，兩張票都應該給你來拿。」

說罷，她還自己退了半步，讓我走在前頭，給驗票人員剪票。

我一聽，哇，這女孩不得了，在外頭就懂得這樣替男人著想，體貼入微還做面子給我。而且她和李同學不一樣，不會用拐彎抹角的方式來旁敲側擊，總是有話直說，是一個直來直往的女孩。

我心裏大概已經認定要跟她好好交往，但礙於不願意對不起李同學，當時有點優柔寡斷，不知如何解決這兩段關係。

我還記得那是一九七二年的清明節，李同學飛到美國去找她的表哥，我也回家鄉探望母親。陪母親和弟妹們一起去父親的墳上祭拜打掃，想起了闖入我生活的兩位女子，我想到用兩個銅板擲筊，徵詢一下父親的意思，看他是希望李同學做他的媳婦，還是陳慧美當他的媳婦。

結果父親給了連續六個聖杯，要我娶陳慧美，李同學卻是擲好幾次都沒杯。我想，父命難違，用這樣的說法，不僅對李同學有個交代，我自己這關也是過得去的。

李同學在美國的那段期間，我開始和陳慧美交往。也許是父親的首肯給了我勇氣，本來面對女生有點害羞的我，不但主動牽起了對方的手，而且還常耍嘴皮子。

「你笑什麼？」陳慧美看我牽起她的手，還傻傻地笑，不知道是什麼意思。

我把我們牽起來的手舉高，用閩南語說：「你是我牽手耶！」

「唉唷，你無聊啦！」陳慧美羞得要把我的手鬆開，但也只是做做樣子，沒有真的鬆手。她羞紅著臉，在那個舊的碧潭吊橋上，兩個人晃得像是喝醉了一樣，暈陶陶的感覺。

年底，我約了剛回國不久的李同學出來喝咖啡，跟她說我的弟妹都還小，母親希望我趕快結婚成家立業，幫忙扶養弟妹。以此說法，了結了這段感情。

四十年後在慈濟的分享會上，我已經穿著藍天白雲忍辱衣，和妻子一起成為慈濟委員了，而她也子女成群，成為一個溫柔的母親。曾經的那些青春，就像一場如露如電的幻夢，我們相視而笑，早將過往當成一縷輕煙。

逢場作的那幾齣戲

寫自傳回顧人生，務必要留下誠實而真實的自己，不容半點虛假。這是我一直以來的信念，即使現在已經是很資深的慈濟委員了，但有些過往的荒唐事蹟，還是必須將它說個清楚明白。

從事國際通運業的人，交遊廣闊，只要有客戶邀約，公司至少得推派兩個人做代表，從進入大來空運到自行創業的這段時間，我幾乎天天出入聲色場所。黑美人、五月花、杏花閣、六條通、新加坡舞廳，像在走灶腳（廚房）一樣，裏面的領班媽媽桑都認識我，知道我會帶很多客戶去捧場，都特別款待。

當時流行的酒家或舞廳，基本消費就是一桌菜或幾瓶酒，外加小姐作陪，甚至看得順眼了，只要加錢就可以把小姐帶出場。如果客戶是日本人，那我們肯定還得上一趟北投，款待他們去熱海飯店洗溫泉。

前些日子，我開車經過大稻埕，赫然發現新加坡舞廳居然還在營業，而且門口的酒客跟舞小姐都不少。黑美人和五月花早就走入歷史，不復存在；六條通進駐了很多單純吃飯喝酒的日本料理店；熱海飯店也已經轉型成一般的溫泉旅館。我很訝異新加坡舞廳還能在這個大家都用網路視訊談生意的時代堅持下去，來來往往的舞小姐，勾起我許多年少輕狂的回憶。

我的個性很慢熟，家庭負擔也還沒完全放下，根本不會想涉足那些酒家舞廳，更遑論去跟人家交際應酬。但公司為了發展人脈關係和業務，需要這些與客戶交陪談心的深夜活動，向來都有一筆帳面上註記為「餐飲費」的預算，提供在外面陪客戶談生意的業務，可以全額核銷報帳，加上我是公司裏面酒量比較好的，所以就成了每次陪董事長或總經理一起出席應酬，幫忙擋酒的不二人選。

每天晚上喝到凌晨一點多才回家，是我的生活常態。那時候我還是基督徒，星期一到星期五都沈溺在酒色之中，星期六在家休息一天，星期天上教堂告解懺悔，然後星期一又周而復始地繼續沈溺下去。

無論婚前婚後，總之，這樣的生活維持了很長一段時間，但這種生活讓我感到厭煩，醉醒的第二天還要繼續上班，我只覺得自己的命很苦，靠著腳踏車跟摩托車四處走闖江湖，像兩個不停的輪子，不斷一直往前轉，永遠沒有盡頭。

禱告跟告解可以短暫解除我的憂傷，但最根本的煩惱沒有斷除，只是周而復始地在痛苦與快樂之間輪迴。這大概是我的第二次信仰危機，我開始尋求命理、手面相的協助，想辦法了解自己到底是什麼命運，以及要如何改變這種命運。補習班下課後，我就待在重慶南路的書店街裏，在一整書櫃的命理、哲學叢書中，尋找生命的真理。

婚後，妻子知道我上酒家、舞廳都是工作所需，只要有個分寸，基本上都是不太說話的；對於我的夜歸，還有那一身的酒精與香水混雜的臭味，是完全包容與諒解。

唯一跟我切身相關的問題，就是為了健康，她總是勸我少喝一些、早點回家睡覺。除此之外，妻子絕口不問我去了哪些地方，是否發生什麼背叛婚姻的事。

但我想她一定都知道，我們出去跟客戶談生意，很難避免喝花酒和情色交易。每當我招待客戶酒足飯飽之後，他們帶小姐各自尋歡作樂，我就留在舞廳，或是到路邊的麵攤喝碗熱湯等待。但久而久之，客戶覺得我這樣很掃興，就強迫我一定也要叫小姐。

「你叫一個吧，不然不簽約了。」

「對啊，你叫一個吧！」

我知道他們是玩笑話，但這種五分醉意的酒興上來了，我也不好拒絕，於是就拜託媽媽桑，隨便叫了一個當天生意比較差的小姐。我從來沒有這樣的經驗，也不想要這種經驗，所以找生意差的小姐來，讓她有錢賺，是我的盤算。

跟著小姐進去旅館，她很熟練地在櫃檯拿了鑰匙，找到房門，走進房內摸著黑就按到電燈開關。她要我坐著等，她先去洗澡。我想也好，她洗完澡，我也去沖個涼，讓腦袋冷靜一下。

待她走出浴室時，我被她的穿著嚇到了，一緊張就問她：「你要幹什麼？」

這話問得唐突而且白目，她以為我要把她換掉，當場就哭了出來。

「啊，你怎麼哭了？」

「拜託你不要換人，我已經一個星期沒生意了。」

「不要哭，不要哭。你先把衣服穿好。」這一勸，她哭得更慘了。

「你誤會了。你呢，一個半小時之後再出去，這個錢，我會給你，你不用擔心，但是你先把衣服穿好。我們聊聊天，也不錯啊！」

「喔。」她聽到我還是會給錢，這才稍稍平復下來。

我們兩個就坐在床邊，開了兩罐啤酒，邊喝邊聊。聊著聊著，我覺得我和她都是為工作所迫，有點同病相憐吧，就說要幫她看手相，算算看她的運途如何。這是我第一次幫人算命，因為是無師自通，準確度如何我不敢打包票，但的確講中了她的很多心事，說著說著，她又哭了。

我說她的父母宮不好，掌丘塌陷，斷言她沒有雙親可以依靠，不是早亡，就是緣淺。結果她說，因為父親欠了太多的債務，她白天在建設公司擔任櫃檯小姐的工資，根本來不及幫父親還債，聽人家說舞小姐好賺，就硬著頭皮下海。誰曉得她不是吃這行飯的料，一個晚上領到的坐檯費，勉強可以貼補家裏一點，弟弟的大學學費和妹妹的高中學費，大部分都是她坐檯拚出來的皮肉錢。

「你有男朋友吧？」我看出了她的感情線。

「有，但是我不敢跟他說，我晚上在做這個。」

「連說都不敢說的工作，你怎麼敢做呢？」

「我真的沒有其他辦法。」

「我跟你說，你這個行業，一個小時拿三千塊，看起來很好賺，但是風險也很高啊，會染上性病，還會碰到暴力的客人，只要一個不小心，你一輩子抬不起頭做人，甚至還會牽連你的弟弟、妹妹。現在很多工廠都是二十四小時的，如果你想要找晚班的工作，我可以幫你介紹。總之，不要做這個了吧。」

「可是我的學歷不高。」

「放心吧，甘願做牛，不怕沒犁可拖。你如果真的想通了，我就幫你介紹正當的兼職。」

我和她聊了一個多小時，從她的眼神可以看出來，她慢慢開始思考人生的方向。我把三千塊錢給她，請她先離開的時候，她站在房門口，一直跟我道謝，說她遇到了貴人，會好好思考我說的事情。

我當時給了她一張名片，要她有任何困難都可以找我商量。之後我雖不曾接到她的電話，但也沒在舞廳看見她了。

交際應酬的場合裏，我從沒對不起我的妻子，但一次不肯服輸的打賭，卻讓我犯了一個必須向妻子懺悔的錯誤。

那時候跟某家航空公司的經理在談生意，他無意間說出他最近看上了一家日本料理店的女經理，說她有多漂亮就有多漂亮，對他多好又多好，常常招待他小菜，但不知道為什麼都追不到她。

「人家說她離過婚，照理說離婚的女人，應該很好追才對啊。」

「你想追人家啊？」

「對啊，那麼漂亮，又是日本料理店的股東，一定不會錯的啦。」

「聽你說得這樣天花亂墜，太誇張了。」

「哪裏誇張！你不信啊？」

「當然不信啊。」

「現在剛好午餐時間，走，帶你去看。」說罷，他就開著車，載我去看女經理。

我看了看，是頗有姿色，但也不至於像他描述的那麼高不可攀。

「怎麼樣？」

「還好啦。」

「什麼還好，口氣很大喔。啊，不然這樣好了，你去追她。」

「經理，你是喝醉了嗎？我有婦之夫，追她？」

「你三個月內若是追到她，你們公司的運費都打九折！」

「喔！你說的喔，追到她，就打九折。」追女孩子我是沒有什麼意願的，但一聽到跟公司業績有關，眼睛都亮起來了。可以多賺一點錢，我當然百分之百願意。

「對，但是我是講真正的追到喔。真正的，你懂吧？」經理色瞇瞇地看著我說，我大概就知道他的意思了。

「那你不是也要追？」

「我追來玩玩的啦，你要是能追到，我有追沒追就無所謂。讓你先追啦！」

這個賭局開始得莫名其妙，對我來說，追不成或怎麼樣都不要緊，我的生意談成比較重要。但我也不能去傷害人家，所以我決定小心謹慎地親近她。我都選在下午兩點半左右，才去她的店裏吃飯，因為日本料理店開到三點，接著會午休三個小時，然後換晚班人員登場。

我觀察過很多天，午休結束後，六點半開始的晚班生意，她不曾出現在晚班櫃檯，大概因為她是股東的關係，只負責白天到中午的班。

我選在午休快結束的時段去吃飯，這樣剛好可以等到她下班，客人比較少，她才比較有空跟我聊天。剛開始第一個月就是單純去吃飯，日子一久，她便主動開口問我，怎麼這麼晚才吃午餐。

「晚點吃，才看得到你啊。」

「唉唷，我有什麼好看的。」

「你等一下有事情嗎？」

「你說下班？沒事啊。」

「那我們出去走走，要不要啊？我開車。」

應該是我老實憨厚的樣子，讓她放鬆了戒心，她答應跟我一起出去兜風，我們在路上就邊逛邊聊。當然我也幫她看了手相，並非是因為我事先知情，而是她的夫妻宮的確有缺陷，我就直問她是否離過婚，一問她就哽咽地說她的前夫好賭，把她繼承的家業和努力打拚的房產都敗光了，只留給她一個可憐的女兒，現在託給住在宜蘭的媽媽照顧，她一個人在臺北打拚，希望能給女兒一個更好的環境。

她說她對男人沒信心了，但我分析給她聽，這壞人是不分男女的，她只是剛好遇到了一個壞人，而這個壞人剛好是男人，又剛好是她老公，請她絕對不要對愛情失望，也不要對人失去信心。

這樣的說法，讓她願意跟我慢慢地愈走愈近。那位跟我打賭的航空公司經理，聽說我一步步攻下她的心防，覺得這發展算是很有意思，所以就給我幾張招待券，讓我可以帶她去航空公司的俱樂部跳跳舞、吃吃飯，讓戀情加溫。

為了完成賭約，我必須跟她成為真正的男女朋友。這件事情後來讓妻子知道了，她為那名女子抱不平，罵我為了生意居然去欺騙人家感情。妻子沒有責備那名女子，因為她知道對方也是受害者，她罵得我無從辯駁，每次聊到這件事情，我也只能乖乖挨罵。

這種午休後的約會維持了一陣子，我心想，再這樣下去，可能真的會出事情，就下定決心要趕緊把賭約結束，去賺那九折的運輸優惠。我布局了一個星期，每天去日本料理店找她，都說工作壓力很大，太累了，沒辦法陪她去散心。結果她竟脫口而出，如果要午睡休息的話，她家就在附近，走路就到。

青年男女，一切都來得很自然，像是早就排演好的戲一樣，我贏了這一局，航空公司經理甘拜下風。

可是她愈來愈依賴我，要我直接去她家吃飯，還幫我買了一套西裝襯衫。我好說歹說才讓她把西裝襯衫留在她家，不然帶了這麼一套昂貴的新衣服回家，妻子看到了，那絕對是要吵架離婚的了。

順著一個要去紐約開設分公司的機會，我向她道別，結束了這段荒唐的鬧劇。儘管幾年後還在那間日本料理店附近的路口遇見了她，她依然單身，也不埋怨我去美國那麼久，只感嘆我回臺後都沒聯絡她。我不好意思跟她多說什麼，深深地跟她鞠躬道歉，告訴她，這幾年奉了父母之命，已成婚立業，未來的日子希望她為自己多做打算，並祝她幸福。

這是我唯一一段荒唐的過去，那是源自於我極力想擺脫艱苦的生活而發生，我不迴避，也不隱瞞，更不奢盼原諒，而是深深感到懺悔。一直到今天，我都由衷地希望對方能獲得真正的幸福。

【第四卷】黃家護法何在？

新五子登科

讓我安定下來的，終究還是我的賢妻，為家庭付出甚鉅的陳慧美。雖然是父親為我「訂」下的婚事，但還是要人家同意才能算數，徵求她的同意之後，一九七二年我向丈人與丈母娘提親，同年十一月，我和妻子回到她白河的娘家舉辦訂婚儀式，席開數桌，主要是酬答女方親友。

當時我正打算自己出來開國際通運公司，手邊的現金大多挪作投資使用，訂婚儀式的基本開銷還能靠存款應付過去，但最重要的兩萬塊聘金實在拿不出來，只好跟公司預支薪水。

東拼西湊，本來以為萬無一失，到了要訂婚的前幾天，才發現自己漏算了新娘子要訂製首飾的錢。訂婚的時候，新娘子身上得要有一套金飾，耳環、項鍊、手環、戒指，缺一不可，而且愈多愈好，以免被娘家的人瞧不起。

結婚要準備的繁文縟節太多了，我竟沒把這一條開銷算進去，一想到要再湊一套金飾出來，不禁急得焦頭爛額。妻子先我一步回白河娘家，我趕緊撥電話跟她解釋關於首飾的問題，想徵求她的意見，看是要去租一套還是怎麼辦？

「你就做你來娶（你就儘管來娶）。」電話那頭的她一派輕鬆，說已經想好辦法了。原來她知道我事務繁忙，很多細節都替我打點好了。如此，我也不得不相信父親的好眼光。

為了我的訂婚宴，住在峨眉的姊夫向學校請假，帶著姊姊和他們的子女，回鄉下多陪母親兩天，然後才帶著母親跟最小的弟妹，到白河與我會合。而兄嫂跟三弟、四弟，就跟我一起從臺北出發。

臨行前，我滿腦子都在擔心訂婚宴流程，被首飾的問題嚇怕了，擔心又有什麼掛一漏萬的缺了禮數，一直處在焦慮狀態。看我這麼慌亂，大嫂就提議要我把兩萬塊聘金，先交給他們保管。我心想這也無妨，於是臨行的前一天晚上，整理行李的時候就把兩萬塊放在他們那邊。

隔天一早七點多的火車，到了嘉義車站的時候，大嫂支支吾吾地跟我說，昨晚放在她那邊的兩萬塊聘金，出門忘記帶下來了。

「什麼？我就是怕自己忘記，才拿給你保管的，怎麼變成你忘記了呢？這樣我還怎麼去迎娶人家！」因為事關金錢，我也不好張揚，但想到這樣要拿什麼臉去跟人家訂婚，愈想愈不甘心，再加上大嫂也不是初犯，碰上錢的事情就會出亂子，各種無奈又懊惱的情緒，讓我在車站裏幾乎是放聲大哭，氣我大哥怎麼娶到這樣的女子。但我沒有把這種藐視尊長的想法說出口，記得當時我哭著說，「乾脆不要結了啦，我沒有這個緣分，沒這種福氣。」我埋怨的都是自己的命運。

也不曉得大嫂是真的忘了，還是故意用這種方式在試探我，當我準備搭車回臺北不結婚了，大哥看情況不可收拾了，一手攔住我，要我冷靜一點。

「你再找找看吧，說不定你放到行李袋裏面了。」大哥說話的時候，就那麼剛好，被我看見他跟大嫂使了個眼色。我的憂慮全都成真了，儘管每個月我都付家用給他們，大嫂卻還是在覬覦我的錢。

「啊，找到了找到了，放在內袋夾層裏啦。」大嫂故作不小心找到的樣子，雖然看穿了他們，但我很冷靜，沒有戳破。另一方面，我也是顧慮到大哥的面子，還有長幼尊卑的倫理，無論如何，我不能跟兄嫂起衝突。

「你怎麼會有這麼多錢啊？」大嫂不甘不願地拿出那疊裝著現金的信封，一臉訝異地看著我：「我不是都幫你把薪水寄回家裏了嗎？」

「喔，就想辦法弄出來的。」我擦著悔恨的淚水，痛恨大嫂在這麼重要的日子作弄我，更氣自己的親大哥居然幫著大嫂遮遮掩掩，罔顧我跟他一起長大的情誼。

「喔，你藏私房錢，家裏都那麼不好過了，你居然還可以這樣藏私房錢，藏了兩萬塊！」

「不是，這不是私房錢。」

「那這是什麼？」

「這是，我跟公司預支的薪水。」

現在事過境遷回想起來，大嫂假藉忘記帶那兩萬塊禮金的理由，說不定是想看我還會不會為了訂婚，不得已再從別的帳戶變出兩萬塊來，她就有機會私吞了那兩萬塊，或是讓我分攤更多的家用。

「我跟你大哥這樣照顧你們兄弟三人，多少也分攤一下家裏的開銷吧。唉！真是不會想。」

「好了啦，錢找到就好了。」大哥看這場面也很難堪，口是心非地出來打了個圓場。

歷經了這無妄的虛驚一場，終於到妻子的娘家了。見到母親和姊姊，還有弟妹，簡直比訂婚還高興，只是五弟的腿上包了繃帶，不知道發生什麼事情。

「啊就跟人家發生車禍啊，還要賠人家車錢。」

「怎麼沒有跟我說呢？我可以寄錢給你們啊。」要拿出什麼頭期款或是聘金禮金可能不容易，但賠點醫藥費或是修繕費，我多少還是付得起的。

「我們想說，你在臺北也是很辛苦吧？已經幾個月沒有寄錢回來了，料想你們應該都有困難，就不想讓你操這個心了。」母親這麼說的時候，我就知道舊事再度重演，我和四弟每個月都會拿一點錢給兄嫂貼補家用，同時，我們的錢裏面也會交代有一部分要轉寄回鄉下給母親。

本來不想拿錢給有前科的大嫂轉交，但是大哥一再作保，為了不讓一家人的關係鬧僵，我聽從大哥的意見，卻沒想到還是再度發生被大嫂侵占的事。加上在車站發生的聘金疑雲，接二連三，我已經徹底對兄嫂失望了。

我淚眼盈眶地看著母親，跟五弟受傷的腿，這愧疚感不知道要算在誰頭上？

「不要哭，今天是你大喜的日子，那些事情就先別談了。」母親或許已經知道，我不是哭五弟的傷，也不是哭母親沒有拿到的家用，而是在哭這對兄嫂居然這樣子對待自己的母親與弟弟。

聽母親的話，準備跟妻子訂婚。等到妻子走出閨房的時候，我才赫然發現，妻子之所以胸有成竹地要我放心來迎娶，原來是因為她拿私房錢，為自己整治了一套純金首飾，不費我分毫。

新娘子自己幫自己準備飾品的事，別人聽起來難免有點奇怪，好像新娘子迫不及待地要出嫁一樣。但這事情發生在我的妻子身上，就彰顯出她那宛如俠女的風範，不拘小節又進退得體，自始至終，她都不曾跟人說過那套金首飾是她自己準備的，都說是我買的。

訂婚儀式結束後，我們拜別丈人與丈母娘，然後先送母親和弟妹回埔心，最後才回臺北。

一路上，我隱忍著不吭氣，兄嫂兩人也像什麼都沒發生一樣，跟我妻子有說有笑。一回到永和家，四弟倒是率先發難。他質問大嫂，為何沒把錢寄回埔心；又責難大哥，說五弟都傷成這樣了，怎麼對得起母親。四弟把我想說的話說出來了，我本來以為兄嫂會感到羞赧而道歉，卻沒想到大哥惱羞成怒，一巴掌就打在四弟臉上。

「你是這樣跟你阿兄、阿嫂講話的嗎？」

「那你們又是怎麼做人家阿兄、阿嫂的！」四弟哪裏肯忍氣吞聲，一個勁就還手要打大哥。我看這情況對兩方都不好，就趕緊出來勸架，一邊勸，還跟大嫂溫情喊話。

「阿嫂，我們都敬重你是我們大嫂，你就跟四弟說清楚，那些錢都花去哪裏了。錢沒有沒關係，帳目清楚就好了。」

「啊就標會、大家樂都賠光了啦，想怎樣？」大嫂毫不領情，說話依然帶刺含針。我聽到這裏也真的受不了了，抓著四弟，就往樓上走。

「走，收拾行李，我們不住這裏了。」我決定帶著四弟去別的地方住，大哥、大嫂聽我這麼說，全然不動聲色，大哥更沒有問我，這個時候這麼突然，要去哪裏找地方棲身，他眼睜睜看著我跟四弟一人一個皮箱走出家門。我們兄弟都是從小一起長大的，大哥卻沒有想要挽留我們的意思，這也著實讓我跟四弟感到心寒。

我跟四弟睡了幾天旅館，後來就去投靠父親以前教曲館的學生，也是父親喪禮上的治喪主委許華。小時候經常看他跟父親學樂器，他還常買零食給我吃，父親出殯那天，他拿了一張名片跟我們兄弟姊妹說，他就住在景美，如果發生什麼事情可以去找他。

那張名片我留著，不到緊要關頭當然不想麻煩人家，但跟四弟這樣一直住旅館也不是辦法，就撥了電話，跟他說明原委，他很熱情邀請我們去找他。他說他有空的套房，可以便宜租給我們。我們一直都叫他尼桑（日語，哥哥），許華拜我的父親為師，他說，一日為師，終身為父，所以把我們都視為兄弟。

許華讓我跟四弟住他的套房，我們一個月給他五千塊房租，一直住到我結婚，繳付頭期款買了房子，我才跟四弟一起搬離景美。

我跟妻子的婚禮是一九七三年四月一日舉行，婚宴場地是在人家剛蓋好的粗胚房，連磁磚都還沒貼，很簡便地請了外燴，席開十二桌。國際通運的同行和客戶都來祝賀，妻子南部的親戚也搭遊覽車來。唯一讓我感到遺憾的，就是兄嫂沒有出現，我寄了帖子給他們，但已經撕破臉了，一家人的情誼似乎就到此為止，讓我感到這個世間上沒有可以依賴的長久關係，任何人與人之間都是會生變的。

丈人說，結婚就應該要自己成一個家，一九七五年，丈人拿出了十萬，妻子拿了十幾萬，我向銀行貸款了十萬，總共湊出三十四萬現金，在永和中興街買了人生中的第一間房子，舊公寓的四樓頂樓，三十二坪大，以當時的房價來說，是很低價的物件。

像在趕人生的進度一樣，完婚、公司成立、長子出生，兩年後買了起家厝。車子、妻子、房子、兒子、銀子，真正的現代五子登科，大概前後只花了兩年時間，而且就是離開兄嫂的那兩年。

一切全都是因緣聚合，緣生緣滅，讓我真正深刻地體驗到，這個世界的運作，如果用因果來解釋，種瓜得瓜，似乎比某種主宰一切的神明更為合情合理。

但我只是體驗到這樣的感覺，還沒有徹底放棄基督信仰。我還在尋求神蹟，祈求迫切禱告可以讓兄嫂回心轉意、可以讓母親過得更健康長壽、可以讓我的生命更加豐實……當時的我還在等，但遲遲沒有答案。

事業家庭兩得意

一九七三年十月，我跟程君、張君三個人歃血為盟，在恩主公面前發誓，三人不但是股東，也是夥伴，更是結拜兄弟。我們三個剛好都想自己出來創業，湊足了一點資金，又有同行的前輩們贊助鼓勵，我就離開大來空運，開始自己當老闆。

當時我按照自學的命理，排了一個「世盟國際空運」的名字要去登記，設址在忠孝東路二段六十號。民航局的空運執照都發下來了，但是經濟部的公文通告卻說名字不能用，因為跟「世界反共聯盟」的簡稱一樣，必須要改名。我只好再算一個退而求其次的名字，就變成現在的「士盟國際通運」。

我現在是很虔誠的佛教徒，那些算命的理論雖然都還記得，但已經依佛陀的教誡，不再用那些命理術數了。不管取什麼名字，都不是最要緊的，關鍵還是在於經營的人是否有心好好地把事業做起來，就算天格、地格、人格都占盡好處，如果不願意誠懇努力做事，公司也是注定要倒閉的。

公司成立之後，原先就資助過我的博敦貿易依然大力相挺，幫我轉介了很多海外的訂單。又有四弟居中牽線，讓我可以將大雅針織的成衣運往海內外，基本固定的收入有了，就能去拓展更多客源。

博敦貿易提供臺灣這邊製造的商品，送到美國像梅西百貨那樣大型的商場，美國百貨公司裏的鞋子、衣服、玩具，都是非常熱銷的商品，本來博敦貿易有幾家固定配合的貨運公司，後來就分了幾個耶誕節的貨櫃訂單給我，讓我鎖定耶誕節跟化妝品或髮飾之類的商品。

耶誕節的訂單非常講究速度，早上百貨公司賣十二塊的魔術方塊，可能傍晚在地攤就變成八塊、隔天在跳蚤市場剩下四塊。這種搶先機的方式，賺的主要是人心，看準了喜新厭舊的商業模式，每天推陳出新，就可以獲得很龐大的利益。

那時候我開始接觸到西北航空的高階主管，送了幾趟貨櫃到美國後，也漸漸成為他們在臺最大的代理商，發展出我的美國布局。

我跑業務的時候，只要客戶需要我幫忙，我一定友情贊助義不容辭，譬如有時候船期搭不上，或是海外貨物被留置海關，超過一星期都無法清關的狀況，我就會找各種人脈來幫忙。

久而久之，客戶都感念在心，跟我彼此有默契，有時候會特別打電話通知我，說某某廠的董事長現在就下榻在哪家飯店，聽到這樣的消息，我就會帶一個高級水果籃去拜訪。

在外的事業已經可以用「起飛」來形容了，在內的家庭生活也過得十分平靜祥和。和妻子商量過後，盡我所能地把家裏所有人都接到中興路的房子一起住，就算不能長久住在一起，至少讓我們都能重溫一下埔心的童年。

三弟獨自在外租房，而四弟跟著我住了一陣子，後來去住大雅針織的宿舍；妹妹跟著母親北上，在我家住了三個月，才去新竹找姊姊；母親則留在我家，由我和妻子奉養；五弟留在埔心老家半工半讀；六弟搬來臺北念書，替未來謀職做準備。

緊接著，我和妻子又生了一女一兒，這下就是一家五口人，加上弟弟跟媽媽，全塞在三十二坪的老公寓裏。那種雖然有點擁擠，但是非常溫馨的感覺，直至今日我都不會忘記。母親有時候會帶著我的大兒子，跟她一起回埔心老家住一陣子，陪陪五弟，也見見親戚。

說起來妻子真的是很偉大，我平常忙著上班賺錢，對家裏的事情從不過問，全權交給妻子發落，我只知道把錢交給她安排，她可以把錢運用得十分妥善，還能穩定儲蓄，又不會虧待家裏的每一個人。

我不曉得當我上班不在家的時候，他們婆媳之間，還有嫂叔之間是怎麼相處的。直到有一次遇到鄰居太太，她問了我一個奇怪的問題，我才更體認到妻子的偉大。

「喔，好久沒看到你，都在忙上班喔？」鄰居太太姓胡，大概一個月會見到我五、六次，其他時間我都早早就出門上班去。

「對啊。早出晚歸啦，沒辦法。」

「耶，你們家，是不是還有一個妹妹沒嫁出去啊？是這樣啦，我有個小叔喔，最近在找對象，不知道你那是親妹妹還是表妹、堂妹？」

「什麼妹妹？我妹妹去新竹找我姊姊了啊。」

「不是那個年紀小的，是年紀稍微大一點的。跟你年紀差不多吧，每次都會跟你母親一起上菜市場，兩個人都勾著手，有說有笑。那是你另一個妹妹吧？」

「唉唷，不是啦，那是我太太啦。」

大概是從未見過這麼融洽的婆媳關係，後來輾轉聽了很多鄰居的陳述，我才知道妻子是真的把我的母親，當成是自己的母親一樣侍奉。而母親也是極為明事理的人，她也把我的妻子當成自己的女兒一樣愛護。

大兒子一生下來就很愛哭，而且幾乎都是夜哭，身體又不好，妻子為了照顧這個孩子，整個人瘦了一大圈。孩子帶去診所看醫師，帶去宮廟看乩童，什麼方法都試過了，結果晚上還哭到吐。小小年紀，吃藥吃到胃出血，住進三軍總醫院，真的是把我們家所有人都搞得人仰馬翻。

因為這樣，懷第二胎女兒的時候，全家如臨大敵，丈人、丈母娘特別寄了很多補品上來，要我好好幫妻子補身體。母親也特別照顧妻子，即使年紀一把了，還是把很多家事都打理得很好，她帶孫子就像是當年帶著我們一窩孩子那樣，有紀律又有玩樂。

妻子也想幫忙，總是被母親阻止。母親說，只要孕婦的身體強壯，孩子的身體自然就會好，出生之後也會比較好帶。妻子第二胎懷得很辛苦，每天吃一堆的補藥，當時我們就決定不要再生了，看到妻子這麼痛苦，我甚至也願意去結紮。

但母親還是鼓勵我們生，說她可以繼續幫忙帶孩子，況且，從孩子的角度來說，搓草繩也要三條才能結成一股，生男生女都沒關係，將來這三個孩子可以同心協力打拚，才是比較重要的。

母親勸我生，我又捨不得妻子痛苦，陷入兩難之境，不知道如何權衡。最後也是妻子勸我，說母親既然想抱孫，那就再試一次看看，和我一起去行天宮求籤。雖然我是基督徒，但母親和妻子還是傳統民間信仰，我就隨順她們的意思，一起去廟宇求籤，不求還好，一求就是籤王，看那樣子肯定是得再生一胎。當天晚上，妻子說她夢見了天上浮現了七色的彩虹很漂亮。我知道，這個孩子是一定得生，因為他跟妻子因緣很深，還沒著床結胎，就已經入夢來了。

後來在汀洲路的黃婦產科臨盆，剛生完么子，全身沒有力氣的妻子悠悠睡去，當天晚上她又夢到了一次彩虹。小兒子對妻子特別孝順，感情也特別好。有一次，他跟妻子回白河娘家，只是起床看不到妻子，居然就哭到兩隻眼睛都腫起來，我也開始懷疑，或許宿世緣分的說法，可能是真有其事。

妻子和我都認為家庭教育非常重要，但我經常不在家，所以她在家常常同時扮演慈母跟嚴父，對孩子們賞罰分明，奠定了良好的規矩。我們夫妻加入慈濟之後，對孩子的教育也更加注重，帶著孩子一起去關懷感恩戶，幫助孤苦無依的老人與弱勢家庭。

有一回，到中和的感恩戶家訪查結束，孩子跑來跟我預支零用錢。我問他們為什麼要預支零用錢，原以為是想買什麼新的玩具或文具，沒想到他們竟然異口同聲說，要把錢捐給那些貧苦人家。我聽得眼眶泛淚，深深為這種善的力量而感動。

現在大兒子在聯華食品做電腦資訊，女兒在高院當法官，小兒子就是準備接我的事業，他們的求學謀職都不曾讓我擔心過，一路走來雖然不是完全沒有阻礙，但至少都能問心無愧，善待身邊每一個人，努力做好每一件事。

女兒跟小兒子都是芝加哥西北大學碩士，一法一商，他們兩個感情非常好，小兒子會去念西北大學，也是為了去找他姊姊，兩個人個性都很好，也很談得來，就像當年我跟姊姊一樣。

這樣想起來，妻子和母親的性格，也著實有幾分神似呢！

慈祥的母親

父親過世，母親就是我重要的依靠，凡事我都以母親為重，母親凡事也都以我為先。

有一年過年，我載妻小回娘家，結果車子半路拋錨，進退兩難之際，我讓妻子帶著孩子先回白河，我等車子修好了再去跟他們會合。也不知道是車子太老舊，還是修車廠的技術不夠純熟，我從初二一直等到初九早上，車子才終於修好，一路趕回白河，接了妻小，千辛萬苦地返回臺北的家。

修車廠的人只告訴我會花很多時間，但他沒有辦法保證確切的時間，我左思右想，如果為了等車子而住在旅館，那未免太破費了，不如先搭火車回埔心老家，等車子修理好了，再去白河接妻小。

等待車子修好的這一個星期，我心急如焚，像熱鍋上的螞蟻。並不是因為害怕車子修不好，而是掛念母親一個人在臺北，那時候臺北的家沒有電話，我們沒辦法聯絡到她，她也不知道我們去哪裏。

往年初二回娘家，頂多是三天左右，這下一耗就是七天，我完全可以想像母親有多麼擔心！孔子說的：「父母在不遠遊，遊必有方。」做晚輩的一定要定時回報自己行蹤，以免長輩擔心。

等我趕回臺北的時候，一開家門看見母親，我和母親兩個人都淚流滿面。

母親沒有責罵我，而是問我是不是遇上什麼麻煩了，怎麼一去就是一週，無消無息。我當場下跪，緊緊握著母親的手，跟她說明原委。當我握住她的手的時候，感受到她的虛弱，本來就不胖的她，更是瘦得不成人形。

因為這個事件，我體認到母親的衰老，原本心臟就不是很好的母親，愈來愈禁不起爬四層樓梯的挑戰，於是我把原本的房子賣掉，買了位於厚德街的一樓公寓，一來是方便母親出入，二來是為了讓孩子可以按照學區分發，去讀秀朗國小。就如同當年父親替我們選擇好的學校一樣，直至今日，秀朗國小都是雙和地區非常知名而且校風良好的學校。

房子的買賣與入住會有一段時間上的落差，厚德街的房子成交之後，我先讓四弟跟弟媳入住，住了一段時間，順利找到買主把原本的四樓買走之後，我才準備帶著母親跟妻小搬過去。但母親還來不及住到新房子，就已經因為胃癌和肝癌而病逝。儘管如此，我謹遵母命，繼續讓四弟和弟媳跟我們住在一起，並照顧他們一家。

妻子替我理財，積年累月存了不少錢，我便提議買金磚保值。因為孩提時代看過家裏靠黃金度過了一段艱難的日子，所以買黃金保值兼投資的觀念，一直根深蒂固地在我心中萌芽。

妻子也贊同這種理財方式，我們就去中央信託局買黃金，那時候還沒有黃金存摺，都是買真的金磚金條，我買了一塊一公斤重的金磚，那時不敢信任銀行的保管，就把金磚藏在家裏。

這塊金磚，在我新家落成後不久，果真派上了用場。

一九七八年，母親頻繁地發生胃痛、胃脹氣等狀況，我帶她到振興醫院檢查，結果是中期胃癌，必須按照醫囑開刀。開刀的前一個星期，母親念茲在茲要我去找兄嫂來醫院看她，她也比較好放心，但不只是我跟兄嫂，他們跟母親也都沒聯絡了，一時間根本不知道要怎麼開口。

「阿母生病，他們本來就要回來看阿母！」在病房裏，平常溫吞寡言的三弟，是那種不到緊要關頭不會多說話的人，他有點義憤填膺地說：「不管你們發生過什麼事情，母親終究是母親。」

跟著三弟一起去永和找兄嫂，見了他們，我說母親要開刀，想見兄嫂一面，沒想到多年不曾往來的大嫂居然開口就罵人。

「見啥？也沒拿她半個錢，是要見啥？」

「你講這什麼話！」三弟氣得臉都漲紅了，大哥還是沒吭沒哼。

「養狗比較實在啦，養什麼老人！」

「你也太不孝了吧！」我聽到大嫂用狗來比喻母親，當然是怒不可遏，差點要衝上去一頓爆揍。

「你們兩個，怎麼樣她也是你們的嫂嫂耶，太不敬了吧！出去啦，要看你們自己看！」

回到醫院，我和三弟不知道要怎麼跟母親開口，但母親看到我們頹喪的樣子，就知道兄嫂大概是什麼樣的態度了。母親黯然地說，養了半輩子的孩子這麼不孝，就是死也難以瞑目。我和三弟還有妻子聽了都感到十分悲憤，卻不知道要如何安慰母親。

所以，除了兄嫂的缺席之外，任何可以幫助母親比較舒服的方法，不管是醫療、偏方、求神拜佛，我都願意去試。母親生病的時候，我甚至迫切禱告，跟耶穌發願說我要吃早齋，早上吃素，為母親祈福。

聽說中國大陸的片仔癀可以止痛，儘管那時候兩岸沒有通商往來，要買什麼都不容易。我一個月的薪水才四千，片仔癀的黑市價格一片就要一千，但我買得毫不手軟，把片仔癀磨成粉，一顆一顆裝成膠囊，讓母親痛的時候可以服用。

母親一直消瘦，臉色也日漸變黃，我讓母親從振興醫院轉診到隔壁的榮總去檢查，想不到癌細胞已經蔓延到肝臟，演變為肝癌。錯失了醫療時間，並不是哪家醫院或哪位醫師的錯，當時的醫療水平有限，診斷上難免都會有失誤，母親說她早已經能泰然面對所有的磨難，這一點點小病痛，難不倒她的。

但我們做子女的不可能這麼豁達，我和兄弟姊妹各自尋找讓母親恢復健康的方法，甚至我還向天求壽，願意折我的壽去換母親多活幾年，這樣子跟神明討價還價。

某次，三歲女兒在家摔倒，手扭傷了，我聽人家的推薦，帶她去華西街廖五常國術館，給廖五常老先生敷藥推拿。那時候的艋舺非常熱鬧，我帶女兒去華西街的時候，看見入口有輛發財車載著一對很大的海龜，發財車的主人正在招攬生意，說這海龜是人家捕來，要賣給大家放生的。如果有人願意把海龜買下來，他可以帶我們去海邊放生，放生的時候就在龜背上刻字許願，這樣願望就會成真。

我也是急到沒有辦法了，聽說願望會成真，一隻五萬塊的海龜，眼也沒眨一下就買了兩隻，一隻要替母親求壽，另一隻替父親超拔。那對海龜剛好是一公一母，於是公的就刻父親的名字，母的刻母親的名字，跟著司機，我們先把海龜載到榮總，三弟特地去請母親下樓看這對求壽的海龜。

母親非常感動，但見她溫柔地撫摸著海龜的背甲，海龜像是有所感應一樣，順著母親的撫摸，漸漸抬起頭來，仰天長嚎了一聲。那是我第一次聽見海龜的聲音，喘喘的呼吸聲，像在哭。

海龜在發財車上又待了一個晚上，因為半夜沒人的時候才適合放生，以免被人家又撈捕上岸。

到了岸邊，公的海龜一放就隨著海浪游走，我用手電筒照向海面，看見牠停在五十公尺遠的地方，載浮載沈，像在等待母龜。而母的一放，卻怎麼樣都不肯走，一直在我腳邊繞著，甚至反方向往岸上爬。我心裏有個不祥的預兆，這隻母海龜是我為母親求壽，牠不肯走，難道是母親的病況藥石罔效了嗎？

我只好蹲下來，忍著眼淚哽咽地跟母海龜說，今天要把牠放生，如果遇到媽祖或是觀音，就拜託幫母親多求一點陽壽，但是如果真的求不到，我也不會怪牠，就快奔向大海去吧。

母海龜聽我這樣說，開始不斷地對我點頭，像在向我鞠躬禮拜一樣，拜了好幾拜，哞地一聲大吼，也隨著公海龜遠遠而去。而遠方在等待的公海龜，也朝著我不斷點頭，兩隻海龜就這樣消失在夐黑的海面上。星月無光。

一九七九年四月九日，母親意識逐漸模糊，瞳孔放大，電擊無效，距離我放生海龜還不到三個月，便與世長辭了。

那對我而言，就像世界末日一樣。如果不是妻子在旁邊支持著我，我可能連幫母親料理後事的心情和體力都騰不出來。

母親遺言交代要回老家下葬，葬在家族的公墓。我聯絡當年協助父親下葬的東茂棺木店，因為母親特別交代我，每個月都要寄放兩具棺材在東茂棺木店，提供給需要的貧苦人家，所以和棺木店一直都保持聯繫。棺木店的老闆一聽到我的母親過世了，馬上就趕夜車北上來協助我們處理後事。

移靈的時候，母親一隻眼睜得開開的，怎麼樣都闔不起來。我請母親好好安息閉目，兄嫂的事情我會好好處理，弟妹的事情也會一肩挑起，母親這才願意闔上眼。

母親生病的時候，怎麼樣都不肯露臉的兄嫂，出殯那天終於回鄉下老家了，他們沒有特別表示什麼，大哥甚至也沒怎麼哭，捧著母親的遺照，一張臉冷在那裏。

三弟一把就把母親的遺照搶過去，交到我手裏，說大哥不配替母親捧斗。四弟甚至衝上去要打他們，場面很火爆，情緒很憤慨。我跟親戚長輩拉架，好幾次差點拉不住，四弟一直想揮拳打大哥、大嫂。一家人走到這步田地，只能說是萬般無奈。

依照禮俗，因為母親是在外地逝世的，返鄉的靈位不能放在公廳，所以我搭了一座簡約但不失隆重的大棚子，把母親的靈位安放棚子裏，每天請人來誦經。

出殯的時候更是大肆遊莊，不管是鼓吹還是樂隊，牽亡還是誦經，整個出殯隊伍非常盛大，村子裏的人眼睛都為之一亮，當年那個窮到連安葬父親都有困難的黃家，如今居然可以這樣子把母親風光大葬，什麼有的沒的親戚，都忽然蹦出來跟我攀交情，夾雜在出殯隊伍裏面跟我打招呼。

什麼人對我好或對我壞，全都看在眼裏，一清二楚，雖然不想與這些現實又勢利的人深交，但我依然保有基本的尊重，一一向他們答禮致意。就像我不會違逆兄嫂，但我也不會再跟他們有任何往來了。

出殯結束的當天晚上，兄嫂搭車北返，後面的頭七等其他儀式，都是我和妻子兩個人發落的。在那之後，我們兄弟的情義就真的斷得一乾二淨，再也沒見過面了。

永存長和之志

母親的頭七法會，是請開設鸞壇的顯聖宮來幫忙念誦。我去拜訪的時候，他們剛好在請神降駕，雖然我還是以基督徒自居，但凡事多半按照傳統禮俗，長輩們說戴孝的人不能進宮廟，我就乖乖站在大殿門外，等他們辦完聖事，走出廟門，才跟他們談法會的事宜。

他們扶鸞的方式很傳統，是用一條紅線吊著Y字形的鸞筆，鸞筆的尖端做成筆的樣子，可以在沙盤上寫字。扶鸞的人受過專業訓練，在沙盤上寫出來的字剛好都是上下相反的，而負責認字的人站在扶鸞的人正對面，就可以看到正向的字，根據神明在沙盤上寫出來的字，給予信徒指示。

如今還保有這種扶鸞方式的道場也不多了，那種畢恭畢敬侍奉神明，以神明意旨為依歸的行事風格，漸漸被以人治為主的管理委員會所取代。

我站在廟門口靜靜地看他們扶鸞，不敢出聲打擾，但只聽見他們此起彼落地驚呼說是西秦王爺降駕，他們那座廟裏沒有供奉西秦王爺，忽然來了一尊這樣的神明，他們有點不知道要怎麼迎接。

按照民間說法，一般都是很重要很緊急的事情，才會有各路不同的神明來降駕，而西秦王爺一下來，甚至還給出了一首七言絕句：「西灣引信初雙連，秦始擇終洗原人，王師轉告汐路空，爺孫子弟采立承。」那首絕句後頭，還署有「永存長和之志」等序跋，看著神明開出籤詩的人們，看了很久都猜不透聖意，這時候，站在鸞生對面的那位神職人員看見我，恍然大悟地指著我說：「王爺是為他來的啦！他就永存啊！他爸爸拜西秦王爺的啦！」

因為職業的關係，學習戲曲的父親十分敬重西秦王爺，他之所以沒有餓死街頭，都是「祖師爺賞飯吃」。但由於家裏的環境不佳，所以父親拜的只是一張書有「西秦王爺神位」的紅紙，父親仙遊多年，母親依然每天三炷清香，祭拜西秦王爺與父親。

直到後來我有點積蓄了，就在臺北的永和雷音軒，刻了一尊文身的西秦王爺，讓母親可以供奉在家。我是基督徒，沒有跟著母親拜西秦王爺，但是母親往生後，妻子認為西秦王爺對我們家有庇蔭之恩，應該繼續祭拜，於是我就代替母親，延續了西秦王爺在我們家的香火。

因為顯聖宮的因緣，我拿著西秦王爺給的籤詩，反覆思量，但想到母親，又哭得不能自已。就這樣反反覆覆，直到頭七法會結束，顯聖宮的人回去之後，當天晚上，我就夢見母親了。

母親跟著我走在一起，我們搭上了一座電梯，還沒按樓層按鈕，電梯就自動往樓下去。去到好深好深的地方，我不知道哪裏有這麼深的電梯，門一打開，就有人迎面上前向母親打招呼。

他說他是負責導覽的人，要我們跟好他。他帶我們看了一些刑具，還有奇怪的空間，裏面都有一些可怕的景象。他說，這就是地府，生前犯了什麼罪的，就用什麼刑具、關進什麼牢獄裏。

導覽的人一一向我跟母親介紹地府，但我們兩人都沒有恐懼的感覺，他還一直稱呼我是黃護法，說我犯很多小過錯，但是沒有大錯，現在下來還太早了，就抓著我的手掌，要我把手指頭伸出來。我一伸，我就看見其中一隻指頭硬生生斷掉，但是竟然沒有流血。我腦中閃過一個念頭，這下被人家知道受了地府的刑罰，成了九指頭家，不知道以後要怎麼在商場立足？也就是這一念愧心，讓我到現在都很注意自己的言行。

走著走著，走到了一整排像郵局的郵政信箱，又像銀行的保險箱，鐵灰色一格一格的窄格子，格子底下寫了職業跟人名，陽間惡法官某某、人世惡律師某某、無良惡醫師某某。

格子裏面不斷發出很淒厲的慘叫，我想說那麼一個巴掌大的格子，怎麼可能住人，結果導覽的人打開一個寫著某某婦產科的格子，說這位醫師姦淫婦女、騙財騙色，正在格子裏受炮烙之刑。我看著那個格子裏頭真的塞了一個小人，不斷哀號，看得出了神，還真的是老家鄉下某位很知名的婦產科醫師！

我半信半疑，趕緊叫母親來認一認是不是那位醫師，結果從下地府之後就一直在我身旁的母親卻不見了。

「母親？母親！」

這時候導覽人從格子牆後的一條窄路走出來。

「放心吧，你母親跟你一樣都是來地府玩的，她現在去了她該去的地方，而你，也該回去了！」

說罷，導覽員雙手翻掌，往我臉上一搧，像被磁鐵相斥一樣，整個人被強大外力轉了一百八十度，我只感覺到他在我背後又一搧，就從地府被搧上來。一睜眼，我已經回到臺北的家，牆上的鐘是深夜三點，我完全不記得是怎麼從埔心回到臺北的，中間彷彿空白了一段時光。

我看著母親的靈位，默默地哭，哭得袖口衣襟都是淚水，但怕吵醒妻小，忍著不敢出聲，就愈是哭得撕心裂肺。

哭到沒體力了，就在母親的靈位前哭到睡著。這時候另一個夢境又跑出來，我跑到一間很像故宮博物院那樣氣派的地方，四周都是廣大的草原，草食性的野生動物們在草原上快樂奔跑，悠悠然吃著草。

那是一個沒有任何掠食者的世界，像是牛、羊、大象、野鹿、兔子這些溫馴的動物，甚至還有長頸龍這種遠古恐龍，在那片草原上，全都是草食性的動物。

草原正中央有一座高聳的樓閣，從樓梯看上去少說有三百多階，我邁開步伐開始登階，登到一個平臺後，緊接著又是一座樓梯；再接著一個平臺，再接一座樓梯。一段一段的臺階與樓梯，我看見母親在最頂端的樓梯那頭，正站在一扇對開的大門，四處張望著。

那扇門有幾十層樓高，雕梁畫棟，非常精細的工藝大門，我趕緊跑上前去，問母親怎麼跑到這裏來了？

「我剛剛還等你一起搭電梯呢！」

「我進不去啊。」母親指著那扇門，說她進不去。

「那，你跟我回去吧，不要進去了。」

「那怎麼可以！」

聽我說完，母親就對著我大力地搧了一下，我整個人像溜滑梯一樣溜到地面上。一睜眼，依然是臺北的家，日曆上寫著「三七」。

渾渾噩噩分不清楚哪一天是哪一天，母親往生還沒百日，那時候我身為總經理，但根本無心公事。程董事長看我這樣消沈，對公司有不好的影響，就請我去他家，一邊聊公司，一邊幫我排解一下憂傷。

程董家裏是開壇的，一樓是主祀恩主公的保義宮，二樓則是他們的住家。我每次去他家，都是直接上二樓去找他，那天剛好又碰到一樓正在請神，我看了一眼，沒有多想就上樓跟程董談事情。

「黃護法，黃護法何在？」

還沒聊到母親的事情，樓下忽然大喊著要找黃護法。還派了本來在廟門口抽菸，對這種降駕扶鸞的事情沒什麼興趣的助理小周上樓，小周一上來，就要我趕緊下去，說恩主公在找我。

「怎麼可能，我基督徒耶！」

「但是樓下三十幾個人，剛好都沒人姓黃，今天這裏就剛好只有黃總你一個人姓黃。」

我一聽說神明在找我，就算我是基督徒，當然還是免不了好奇心，就下樓去會一會這位恩主公。本來以為會像上次顯聖宮的西秦王爺一樣，再被交代一首詩，沒想到恩主公的乩身一看見我就暴跳如雷，指著我的鼻子破口大罵。

「黃護法，你是觀音菩薩的座前護法，你留在天上的茶水才喝了半口，還是滾燙的，下來把濟世的工作趕緊完成才對，怎麼會這樣顛倒錯亂，天天都哭母親，哭到母親都無法上天庭！」

聽他這麼一說，我是真的被嚇到了。除了母親之外，沒有人知道我每天半夜都在母親的靈位前偷哭；家人根本沒來過保義宮，當然也就無法跟乩身串通；我夢見母親在門口徘徊的事情，當時只有我自己知道；黃護法這個稱呼只有在我夢裏出現過一次，就是那位地府導覽員對我的稱呼；我去找程董當天，根本沒有要問事，但恩主公的乩身就像先前西秦王爺一樣，不請自來，給了我一頓震撼教育。

這是我進入道教的契機，一連串難以言喻的神蹟，慢慢解釋了我多年來的疑惑。而恩主公最後要退駕之前，說我的愚孝障礙了母親往生天界，一定要趕緊找高僧為母親超拔，這樣才幫得了母親。

恩主公的乩身當下啪啪啪就說了三位高僧的名字，廟方幫我把高僧的名字寫下來，幾經探問，才知道一位在高雄，一位在宜蘭，另一位在臺北。為了方便起見，決定去拜訪臺北的賢頓老法師。

賢頓老法師是近代有名的高僧，聽說他在天母的吉祥寺，我就開車去拜訪，但去了好幾趟都沒遇到。替母親超度的事情刻不容緩，就在我轉念要去宜蘭請另一位法師，最後一次拜訪吉祥寺的時候，意外在寺裏遇到一位慈藹的老和尚，他看著我，不發一語微微笑著，似乎知道我的來意。

我心想機會難得，劈頭就問說賢頓法師在不在？

「你找賢頓法師幹嘛呢？」

「不是我找，是恩主公要我來找，他說我每天這樣以淚洗面，害得母親不能順利往生，被卡在南天門外面。一定要有高僧幫忙超拔誦經，母親才可以順利投胎。」

老和尚聽我這麼說，並沒有特別詫異，只是拿出一本小冊子，低頭看了很久。

「這樣吧，下個月，我可以去幫你們做一場法事，但你們全家要在法會前三天吃素，否則的話，我也幫不了你。」

聽老和尚這麼說，我才知道真的遇到賢頓老法師了，一口就答應他的條件，在他來之前，全家吃素吃了整整三天。老和尚來我家的時候，在頂樓搭了一個簡易的壇，幾位法師配合著他，在屋頂上唱誦各種經文咒語。那是我頭一回接觸到真正的佛教，但剛剛體驗完恩主公與西秦王爺威德神力的我，還沒有心向佛教的打算。

超拔後的當天晚上，母親就向妻子託夢，她說很感謝我們做的一切，她現在可以放心離開了。講完，妻子從夢中驚醒，枕頭上斑斑點點的淚痕，她輕輕拍了我兩下。

「我夢見阿母了。」睡眼惺忪間，聽到妻子這麼說的時候，其實有點詫異。母親怎麼會去找妻子，而沒來找我呢？難道真的是怕我又故態復萌，牽絆住她的登仙之路嗎？

「阿母說什麼？」

「她說，謝謝。」

妻子話語方落，我的眼淚也不爭氣地滑落下來，看著妻子哭得眼睛都紅了，我們兩個相擁而泣。對我們來說，我們兩個同時失去了一位疼愛我們的「母親」，但是對母親來說，她終於解脫了這一生的苦難，可以隨著父親去享清福了。

【第五卷】

從商道走向菩提道

我也有過美國夢

母親的過世對我造成很大的打擊，我消沈了好一陣子，直到被西秦王爺點化，禮請賢頓老法師舉辦法會，超度父母雙親往生西方，我才能夠慢慢地打起精神，承接大量的工作，度過那段心情低迷的時期，放下對父母親的涓滴思念。

本來就習慣勞動奔波，工作更是幫助我淡忘了傷痛，生活壓力不斷接踵而來，迫使我走出陰霾。

公司的空運業務愈見雛型，特別是美國訂單占了很大的比重，將生活雜貨、節慶禮品發往美國，逐漸成為公司最主要的業務。掂一掂從前打下來的英文底子，到美國發展似乎勢在必行，和股東們開會之後，就決定去紐約拓展分公司。

但商用英文還是要惡補一下，我趕緊請了一位叫做蓋瑞的美籍員工，專門來教我商用英文。平日他是我的職員，負責聯繫美國客戶，包括國際電話與郵件往返；週末的時候，他就成為我的英文家教老師。

紐約分公司慢慢進入籌備階段，我的商用英文也愈見熟練，雖然還不能發表長篇大論，但無論是跟私人公司談生意，還是和公家機關打交道，都已經不是問題了。

紐約分公司草創初期，我派林經理和助理蓋瑞過去坐鎮。沒想到，林經理都在設法累積他個人的財富與人脈，因擔心蓋瑞會向我打小報告，便以莫須有的名目開除了他，把公司的大案子轉給別家通運公司承作，自己從中抽扣傭金，至於那些利潤很微薄的小案子才留給紐約分公司，導致紐約分公司的營運狀況一直沒有起色，入不敷出。幾次跨國電話的短暫會議，林經理提出的說法也都讓人難以置信。

鞭長莫及，我苦無對策，好不容易聯絡上蓋瑞，才知道事有蹊蹺。

我一直都非常相信人性本善，即使蓋瑞說出了他的疑慮，但因為沒有確切證據，我只好按兵不動。

某次商業酒會，一位關係不錯的客戶輾轉告訴我，要我提防林經理，他聽了很多關於林經理在外面承攬通運客戶的消息，本來以為是在幫我拓展業務，但打聽到的公司名字卻不是我的公司；或是本來都會跟我一起包機的同行，等到貨盤清運要上飛機的時候，才發現跟他同飛機的變成另一家沒聽過的小公司。

那場酒會之後，我又接連得到許多相關證詞，所有證據都指向林經理，林經理的圖謀不軌，似乎已經是昭然若揭的事實了。身為總經理，我不得不詢問股東們的意見，針對林經理的問題，採取必要的措施。

我掌握到林經理在紐約「歪哥（貪汙，不義取財）」的消息，就差一些實質人證、物證了，程董事長便自告奮勇，派他的弟弟去紐約工作，實際上是要監督和調閱林經理的私帳。

一切進行得非常低調，林經理也只當是例行公事，來的只是股東的弟弟而不是股東，更不是董事長。賺黑錢賺得太鬆懈的林經理，不出一個月，那本轉手賣貨的貪汙帳冊，就被影印了一份，快遞寄回臺灣。

我和程董研究了一下，決定以拆夥的名義調林經理回臺，讓他收購我們拋出來的股份；也是料準了他的貪得無厭，眼看有這麼好的機會併吞公司，怎麼可能放過！

才剛掛下國際電話，不出一個星期，他就安排好紐約後續的工作進度，火速返臺，要來跟我們談買股份的事宜。

約好了談股份的日子，我請他跟程董一起進辦公室，好聲好氣地問他關於紐約業績的低落，有沒有什麼對策；還關心他在紐約有否適應不良的問題，包括蓋瑞後來的去向等。

看他真的不肯坦白，我不得已只好先出第一招。

「一切都才剛開始，開銷難免會大一點，這個我以為董事長你是知道的。」我試圖幫林經理說話。

「我知道，但是股東們不能諒解。」程董用鼻子哼了一聲，氣急敗壞地說道：「這不是我們諒不諒解的問題，當初是你說去美國開分公司有搞頭，我跟弟弟才把錢投出來，結果呢？你沒有自己去，還派一個什麼狀況都搞不清楚的經理，未免太不把我們的錢當錢了吧！」

「程董，你說這什麼意思？難道我自己沒有砸錢進去嗎？公司的名字是我的，我不用負責嗎？」

看著我和程董兩人勢同水火，劍拔弩張，林經理的額頭上沁出冷汗，我知道第一招奏效了，對程董使一個眼色，要來第二招，請他的弟弟拿帳冊進來對質。

「那個誰，你進來，你自己來講，你在紐約看到什麼了？」程董一出聲，他弟弟老早就抱著帳冊守在門外了，門一開，但見林經理差點腿軟，嘴巴張得老大，眼神發直。

「林經理，我弟弟，你在紐約見過了吧？」

「是，我招待他參觀過紐約分公司，怎麼了嗎？」

「他在紐約分公司的時候，有人交給他一本帳冊，裏面的帳目有點奇怪，你要不要說明一下？」

「什麼帳冊，我看看。」林經理還一臉無辜的樣子，我和程董隱忍著怒火，而那疊搭了飛機八百里加急返臺的帳冊影本，端端正正地擺在桌上，請他自己翻。

「這是什麼？我不懂。」

「這是什麼！你會看字吧！上面寫的是士盤國際通運，不是士盟國際通運吧？你把我在美國的訂單，都轉給了這家士盤國際通運，故意取這種名字，是想混淆不認識中文的美國人嗎？」我把話挑明了講開，其實也是要給他一個認錯的臺階下。

「這是汙衊！我根本不知道有這件事情。」只可惜他財迷心竅，打死不肯承認。

「不說就對了？今天沒有剁你一隻手一隻腳下來，我就不能面對這些股東，我這家公司也不用混了！」說罷，我把椅子用力一摔，這摔，其實是給外面的人信號，瞬間湧入三十幾位刺龍刺鳳的黑道弟兄，將林經理團團圍住。

這些人都是父親教北管的學生許華找來的，大多是開賭場、放高利貸、綁標工程的經濟犯。後來我加入慈濟擔任志工，成為委員之後，好幾次帶著水果禮盒去拜訪他們，一方面為了當年的事情向他們道謝，另一方面則是不厭其煩地勸他們改做正途，請他們到靜思精舍參觀。

君子愛財取之有道，有資金的人可以轉作利息合法的當鋪借款，沒資金的人，我也可以在商場上幫他們打探一些工作。幾個聽得進去的，不但轉職成功，後來也加入慈濟，成為志工。

我都說，這絕對不是我多麼能言善道，而是因為證嚴法師的言行感召了他們。那個年代的黑道很講義氣，道德觀念很重，聽我談到慈濟志業的精神，又親眼看見法師無私的大愛，一個瘦弱的出家師父，居然能募集這麼多善願，成就這麼多好事，他們反省過往自身的行為，有所悔悟，生命才能有這麼劇烈的改變。

當時道上的兄弟擺開陣仗，任誰都會被嚇到腿軟，林經理知道自己插翅難飛了，雙膝一軟，跪在地上磕頭道歉。我給帶頭的人使了眼色，他就讓那些弟兄們退到辦公室外頭。

「這樣啦，你就寫一份悔過書，然後用分期付款的方式，把公司的虧損填補回來。這件事情到這邊為止，我也不會去斷你的生路，離開公司之後，希望你好自為之。」

「謝謝黃老闆、謝謝黃老闆。」林經理聽到我願意放他一馬，全身力氣都空了一樣，整個人癱軟在地。

至於跟林經理串通的貨運公司，不知道是什麼樣靈通的消息管道，居然在林經理道歉的第二天，就宣告破產解散，負責人也不知道逃去哪裏了。但我本來就沒有打算要追究什麼，只要林經理願意負責，那事情就可以到此打住。

程董的弟弟因為這個機緣，順勢接下了紐約分公司的業務。又因為兩兄弟抓出林經理虧空公款的事件，一戰成名，四面八方的客戶都來找兩兄弟，什麼樣的生意都有，最常聽到的就是去馬來西亞、印尼、泰國、菲律賓投資標的物。但只要對當時的東南亞環境稍微有點了解，所謂的投資標的物大概不外「黃」、「賭」、「毒」三種行業，而且多半都是黑吃黑的詐騙居多。

我是後來才知道，他們被東南亞客戶招待，帶去三不管地帶投資賭場，其實就是騙他們入賭局。程董夫婦大概是嘗到了甜頭，不僅丟錢投資賭場，自己也跟著賭起來，不問公事，最後賭到貨款現金都輸光光。

慫恿他們投資賭場的人，就拿他們賠掉的賭金當資本，再放貸給他們，說是要讓他們周轉，其實是利上滾利，滾得他們永遠無法翻身。最後，程董不得不鋌而走險，串通了在紐約分公司的弟弟，把美金支票換走，盜用了臺灣總公司的支票章，把支票拿去美國兌現成美金後，再將美金套現，寄給他的兄嫂還賭債。

這也就是我說的，一個又一個的商場連環計，步步向我進逼。或許程董兄弟倆一開始並沒有覬覦公司，但他們的所作所為，都是讓我對商場失望的嚴重打擊。

那時候我新聘了芮經理進公司，請他幫我了解支票的去向，赫然發現紐約分公司開出去好幾百萬臺幣的支票，抬頭蓋臺灣總公司的章，但是臺灣總公司這邊卻沒有收到錢。

一般來說，分公司把支票開回來總公司的名目，都是海外客戶的代墊款項，有了支票保證，臺灣總公司這裏就會發貨出去，公司對公司，單一窗口，帳務才會清楚。

支票都開出去了，卻遲遲不見有任何訂單，芮經理說，這裏面可能有偽造文書的問題，就開始幫我細查，最後才查出程氏兄弟盜用公款的真相。

程董的父親是臺北市鬧區的土財主。程董在黑美人酒家認識了一位小姐，那個小姐跟他糾纏不清。程董的太太知道後，就拿了一百萬支票給那個小姐，要她離開，沒想到那個女生把支票還給程董，程董大受感動，乾脆就住在那個小姐家裏。從此，程太太報復性地開始去惡賭，一個晚上可以輸贏幾十萬，最後輸到幾百萬都有。最後程董不得已向高利貸借錢，借到黑道都跑到公司來堵人。

程董的弟弟當時在美國分公司才處理好林經理的事情，結果為了哥哥的債務，也當起虧空公款的人。

那些錢對他們來說只是杯水車薪，但每天都有黑道在公司要堵人，大家上下班都有人站哨盯著，心神不寧，我心想，這樣會動搖員工的軍心，也會失去客戶的信任。

萬不得已，我才去找程董的父親談判，要他出面處理。他聽到兩個兒子欠了一屁股債，又虧空公司的公款，人還搞失蹤，弄得黑道天天找上門，氣得差點昏過去。

「程伯伯，因為事情真的愈來愈嚴重，不然我是不會來打擾你的。你名下還有些臺北市精華地段的土地，不然你就把他們的股份買起來吧，怎麼樣？」

「我，我不行啦，這樣吧，我想辦法找到他們兄弟，讓他們把股份便宜賣了，看誰要收購就去收吧。」

程伯伯不敢接股東，大概也是怕會被黑道追債，就在我拜訪程家後的第三天，程氏兄弟透過中介人，把股份五折出清拋售。我把這些股份放給幹部員工，讓大家集資買走，這才穩定了公司的股東權益。

直到現在，雖然股東成員多有變動，但體制已經健全，再也沒有發生過股東在帳冊或支票上動手腳的狀況。

接連碰上這些商場風波，我秉持著冷靜沈著的態度應對，不再像當年翻倒枝仔冰那樣驚慌失措，我懂得想方法解決問題。如今想來，我可以在這一場場商業內鬥中屹立不搖，若不是從小接受了許多考驗，大概就是上天幫的忙吧！

義大利餐廳的老爺爺

遠赴紐約開設分公司的過程中，除了前後派出林經理、蓋瑞、程董的弟弟，我自己也到當地坐鎮指揮過一陣子。林經理被開除，芮經理還沒接任的空窗期，足足有八個月的時間，我都住在紐約的下城區，棲身在一間非常簡陋的月租地下室，白天就穿著西裝進公司辦公，晚上趕緊回到地下室，把西裝打理乾淨，隔天還得繼續體體面面地與客戶接洽。

我從不認為自己當了董事長就多麼了不起，為了能讓公司營運順利走上軌道，住進這間只有洗衣機跟床，其他什麼家電家具都沒有的房子，我也毫無怨言。重溫那個家徒四壁的清苦歲月，一邊想念我的父親、思念我的母親，一邊努力開拓新的事業。

創業起家必須要從節省開銷著手，這也是父母親一直以來給我的身教，年輕人懷抱美國夢，或是想去海外打工賺第一桶金，我都很支持，畢竟能到國外拓展一下眼界，也是很好的。但更多人往往還沒把錢賺到手，就被各種聲光娛樂迷惑住，在餐館酒肆、百貨公司流連忘返，浪擲千金，到頭來所有的努力都成了一場空，所有的青春歲月也化為泡影。

勤儉的個性使然，而且又早早看透了歡場應酬的虛幻，我在紐約買的第一個東西是商用英文課本和分析美國經濟局勢的叢書。除了在家看書之外，我頂多就是去一家消費低廉的義大利餐廳，利用短暫的晚餐時間順便跟職員開會，或是下午休息的時候，跟一位總是坐在窗邊喝著義大利濃縮咖啡的義大利老爺爺聊天。家常寒暄之餘，也打探一下美國的局勢，這大概就是我在紐約八個月的娛樂消遣。

那間義大利餐廳是蓋瑞介紹的，他知道我很節儉，特別告訴我那家義大利餐廳除了物美價廉，餐點頗有南義大利鄉村風格之外，熱咖啡還可以無限續杯。

我半信半疑，因為美國餐廳的消費價位都很高，在美國只要走進店裏用餐，基本上就是翻倍起跳。但我想，既然是蓋瑞介紹的，總也不會太誇張吧，終於鼓起勇氣走進那家義大利餐廳。

第一次進入時，就是坐在窗邊的義大利老爺爺，舉起了他的咖啡杯，向我打招呼。我禮貌性地向他點點頭，逕自走往櫃檯，緊張忐忑地看了看菜單，當時甚至心想，如果餐點太貴，那就點杯咖啡，早早喝完離開就是。

幸好，蓋瑞給的消息非常正確，一盤義大利麵的價格，換算臺幣只比臺灣當時牛排館的鐵板麵貴了五塊錢左右，這比任何餐館的外食都要來得經濟實惠，而且還有免費續杯的熱咖啡。

義大利老爺爺有時候在，有時候不在，但只要他在的日子，就固定坐在窗邊，閒暇的時候看看書報，累了就摘下眼鏡，望著窗外的行人。更多時候當然是跟我聊天，他對我一個矮小黝黑的亞洲面孔很有興趣，我們都用不純正的英文聊天，一個有臺灣口音，一個有義大利口音，但都聽得懂對方想表達的意思。

當他知道我是去拓展紐約分公司的時候，不由得瞪大了他那雙淺棕色的眼睛。他兩眼骨碌碌地看了一圈義大利餐廳裏的客人們，這才表明身分，原來他就是這家義大利餐廳的老闆，開這間小店不是為了賺錢，而是希望更多人認識義大利美食。

我很早就注意到了，這位老爺爺跟其他店員的互動十分微妙，好像他刻意讓那些店員不要把他當老闆一樣，就這麼隱身在窗邊，當個與世無爭的義大利爺爺，每天看著來往的客人，或是與客人聊天為樂。

因為收費低廉又有免費咖啡，這家餐廳的客源幾乎都是大學生和初出社會的新鮮人，年輕力壯的小夥子、小姑娘們聊起天吃起飯都是哄哄鬧鬧的。和這些開心吃麵的年輕人聊天打招呼，已經是他的興趣了。

義大利老爺爺對我說，在他的觀念裏，一個擁有航運公司的老闆，絕對不可能坐在這種餐廳吃飯，還不捨得喝貴一點的咖啡或紅酒。他覺得我對自己太嚴苛了，從那天起，老爺爺就不讓我喝免費的續杯咖啡，他堅持要請我喝純正的義大利濃縮咖啡。

我人生第一次喝到那麼香濃醇厚的咖啡，一時間不能適應，心悸得厲害，老爺爺就教我可以倒點牛奶，他用義大利語說，這就是咖啡拿鐵。那個年代，臺灣還沒引進星巴克跟西雅圖咖啡，但我已經養成每天一杯咖啡拿鐵的習慣了。

和義大利老爺爺成為忘年之交，我們的話題也愈來愈多，他很大方地跟我聊起對全球經濟局勢的看法。我很訝異一位義大利餐廳的老闆，而且還是約莫七十歲的老人家，怎麼會對全世界的經濟局勢有如此獨到的見解，觀念清楚，目光卓越，彷彿未來二十年的趨勢都被他看透了。

降低了食宿的開銷，我也極力節省公司的人力成本，自己租貨車去拉貨，在紐約市裏穿街過巷，從機場把貨載到倉庫，再從倉庫發貨至各處百貨商城。載貨卡車的內裝座位都很高，我一個人其實沒辦法駕馭得來，踩得到油門就看不到窗外，租車公司看我這樣窘迫，不得已只好拿一本黃頁電話簿借我當墊子，一墊高，我就看得到車窗外的路，也踩得到油門、剎車了。

有貨車能開，就可以自己搞定很多事情，唯獨美國治安低落的惡名，是無法獨力面對解決的。很早就聽聞美國的治安不佳，但如果不是親身遇上，永遠不知道究竟有多誇張。

那天，有一批貨要從四十五街一直派送到十七街，沿路送了好幾個點，也拜會了許多客戶，一直送到中午十二點左右，停在一家百貨公司的倉庫前。這是最後一家了，送完這家，我就要把貨車還給租車公司。

我趕緊搬下五箱衣物類的商品，感恩節快到了，冬天的禦寒衣物已經開始上架了。但我這邊五箱衣物才剛放到板車上，忽然從車後竄出一個身影，目測約有一百八十幾公分高，他毫不猶疑地跳上我的貨車，隨便搬走一箱東西就跑。逃跑的速度極快，我根本來不及追，而且我看見對方那個身高，人生地不熟的也不敢去追。

義大利老爺爺說過，這種搶法背後都有黑市門路幫忙銷贓，不是我們這種外地人招惹得起，就算去報警，可能都會被吃案。

鼻子摸摸認賠，這麼一點小小的打擊，對我來說完全不會構成傷害！我賣過橘子，賣過枝仔冰，到後來載過水泥，運過盆栽，送過公文，車子從腳踏車到三輪車、犁阿卡（古早板車），再到摩托車、美國貨車，一路上流通過太多東西，也流失了太多東西，枝仔冰融化過、橘子發霉爛過、盆栽枯萎過、公文弄丟，東西沒了，賠點錢不要緊，命保住了，就有機會把錢再賺回來。

從那年在大三角潭翻倒了一車的枝仔冰之後，只要遭遇各種工作上的困境，我就這樣告誡自己，留得青山在，不怕沒柴燒。貨車裏還有二十幾箱衣物，就是我的青山，不過丟了一箱，當作是氣溫驟降分送給窮苦人家的福慧衣，也是好事一樁。

念頭轉了之後，繼續把貨卸完，當時差不多快要七點了，因為租車公司都是以日計價，所以我盡量開好開滿，每次都趕在最後半小時內奔回租車公司還車。那天因為碰上了搶匪，花了點時間在車廂清點貨物，忽略了貨車車後斗的卸貨開關也會耗電，結果送完那最後一批衣物，正準備要把貨車開回租車公司歸還，貨車的電就在半路用罄了。

那個時候的我，因為受到西秦王爺的點化，慢慢從基督教的身分轉往道教等傳統信仰，但我始終記得從前遇到困難的時候，就向上帝迫切禱告的習慣，我深信不管是哪一種神靈，祂們的慈悲救護，是絕對不會有等差的。

我緊握著方向盤，念誦著地藏菩薩的聖號。只求讓我平安開回租車公司，其他的一概不奢望。忽然，晚上七、八點左右的紐約馬路上，一道靈光在我眼前一閃，車子居然就自己發動了。

我顧不得原因，欣喜若狂，地藏菩薩的聖號沒有間斷，十萬火急趕在十二點前像灰姑娘的南瓜馬車一樣，終於趕上租車公司的交車期限。

我把鑰匙拿給租車公司的人，準備點交車子，當他們把鑰匙插上轉動的時候，車子居然是完全沒電的狀態，怎麼樣都發不動，慌忙地又仔細檢測幾次，確定電池真的見底了。

租車公司的人一方面向我道歉，說應該是他們的疏忽，沒有把電池充飽，另一方面很不解，我是怎麼把沒電的貨車，開了三十幾公里的路程回到租車公司的？我沒有提到遭遇搶匪的事情，也沒有說我是怎麼讓沒電的車子發動，只回他們一句：「I pray to God.」

租車公司的人就聽懂了，個個發出了奇蹟、奇蹟的讚歎聲。我的這個God可能不是他們的God，但不管是哪一尊神明，祂永遠不會放棄每一位眾生。

種族歧視十分嚴重的紐約生活，其實難以適應，再加上治安不好，我剛到紐約的第一個月非常辛苦，每天都是心力交瘁的疲累感。但也是這樣的契機，認識義大利老爺爺的我，在一次因緣際會之下，體認到「千處祈求千處現」的奇蹟。

從臺灣運來美國的貨，都會暫時先放在倉儲公司，等我或是我請的外包貨運司機去載，但負責管理倉庫的人員很壞，他們都不會馬上拆貨，除非我每次去點貨的時候記得塞一點小費給他們。

久而久之，各家貨運公司習以為常地塞錢，就養壞了他們的胃口，誰給的小費多，他們就先清誰的貨，導致我每次去取貨的時候都很不順利，有時候耗掉半天都還拉不到貨。

我天真地認為，該支付的倉儲費用、管理費用、清關費用都已經付了，他們就是做好分內工作而已，為何還要塞錢？那時候的臺灣，都已經不流行紅包文化了，想不到紐約的倉儲公司還在玩走後門這套。

好幾次我拉不到貨，白費了一天的租車費用，悻悻然來到義大利餐廳，只敢點最便宜的番茄湯。義大利老爺爺看出我的憂愁，很有耐心地聽我訴苦，聽完之後，他就會請我吃一盤青醬麵，要我放寬心，告訴我所有事情都會轉好的。

我以為他只是禮貌性地安慰，但也不知道老爺爺是什麼神通廣大的角色，當我跟他抱怨A倉儲公司的態度惡劣，隔天A倉儲公司就會派主管打電話跟我道歉；我若是提起了B倉儲公司的過分要求，最慢也是三天內就會有一個中文不太標準帶點美式口音的主管，打電話來主動提出倉儲費用的折扣。

雖然發生了好幾次，但我都一直沒有聯想到這當中的關係。開了義大利餐廳的老爺爺，和總資產達數百萬美金的倉儲公司會有什麼關係？我就當老爺爺是尊活菩薩，說什麼什麼就靈。

事情沒掛在心上，直到某個以猶太裔商人為主的商業集團，無故剋扣運費，還訛詐我的貨款，讓我幾乎走投無路，隔週就要面臨嚴重跳票的危機時，我才確認了老爺爺的真實身分。

本來我跟猶太裔商業集團的經理打契約，所有的貨一律都是貨到付款，但合作的時間久了，猶太經理就提議把貨到付款的結帳方式改為月結，我想說都合作那麼久了，放點信用給他們，也是展現生意手腕的時候，於是就答應貨款月結。

一個月累積下來的貨款非常可觀，可是當我每個月要跟他請款的時候，他就會無故拿出一些貨機延遲、貨品缺損等藉口，要扣我的運費，即使我跟他說明那都是海關與倉儲的失誤，不是我們公司的問題，他們應該去向海關跟倉儲求償，或是尋求保險業者的理賠，但他們就故意裝作聽不懂，硬是要扣我的貨款。

利潤本來就很微薄了，這樣七折八扣，光是這個猶太經理就卡了我十幾萬美金，眼看著下個月的支票即將到期，我連去義大利餐廳吃飯的心情都沒有。如果不是因為其他外食真的很貴，而且又不容易買到泡麵，我甚至打算乾脆不要吃飯，死撐苦撐下去。

人是鐵飯是鋼，絕食是撐不久的，不得已上義大利餐廳吃飯，這次又是吃得很鬱悶，而且義大利老爺爺一看見我，就說我怎麼那麼久沒出現。我苦思不已，想說以前每次跟老爺爺聊過之後，困難都會迎刃而解，於是就據實以告，把猶太集團的事情都跟老爺爺講。老爺爺一聽，就叫我把貨運收據跟猶太集團的資料都交給他。

「給我吧，我幫你處理。」老爺爺一邊用義大利腔調很濃的英文這麼說，一邊往櫃檯的方向伸手，服務生趕緊拿來一支無線電話。老爺爺看著猶太集團的電話號碼，撥了過去。

但見電話一接通，老爺爺就一股腦地飆罵義大利語。我半句聽不懂，但看見老爺爺氣得臉紅脖子粗，我心裏懷疑這樣是處理商業事務的好方法嗎？我甚至害怕隔天公司就會被人家砸了。

「好了，你明天去拿你應得的貨款吧。好好吃麵！吃飽一點。」

輾轉了一夜，隔天，我忐忑地去猶太集團的辦公室請領貨款，那位猶太經理看見我，擦著他滿頭的汗，慌慌張張地替我倒茶水。我心想，合作這麼久，從沒見他這麼「好禮」過。我就問他，怎麼回事，是不是良心發現了？

結果他卻反問我：「你才怎麼回事！你是怎麼認識黑手黨的？」

他這一反問，嚇得我也冷汗直流。原來倉儲公司真的都是義大利老爺爺去處理的。

那位慈藹的義大利老爺爺，是這一帶包括義大利裔、猶太裔、中國裔、非裔的黑白兩道、政商界名望非常高的教父級人物，平時是絕對不會隨便插手管事。接下來，我在紐約的生活當然是如魚得水，左右逢源，甚至貨運界還盛傳有一位亞裔青年，拜在義大利教父門下做生意，我自己聽得都不好意思。

我只是喜歡吃他們家的義大利麵而已。

照顧腳下，禪心初機

八個月的時間，把美國分公司的根基扎穩了，請芮經理留守紐約，我則返臺整頓總公司的營運。

一九八一年，原始股東程董已經離開，另一位原始股東張總經理，則乘我在美期間，聯合臺灣總公司的財務經理、產品經理等持股超過百分之六十五的股東們，在例行的股東會上，準備就程董的事件彈劾我，並決議將董事長制改成總經理制，由他和芮經理分掌臺灣總公司與紐約分公司的經營權。

對我來說，這是非常沈痛的打擊。公司由誰主導並不是我特別在意的事，只要能賺錢，誰來操盤都可以，但是當年我們三人曾在恩主公面前發過誓，彷彿桃園三結義，說好要一起團結打天下，如今卻落得一個盜用公款被公司革職，一個則是想要奪權，意圖逼宮。

被背叛的痛楚心情難以言喻，妻子雖然清楚來龍去脈，卻不知道要怎麼安慰我。草創初期，在眾多業界先進的支持與鼓勵之下，我們不斷茁壯成長，患難與共，誰曉得就在公司順利拓展了海外事務，規模逐漸擴張的發展期，不僅合作關係遭受破壞，還造成公司莫大損失，特別是名譽上的損害難以計數。

股東大會通過了總經理制，我的權力被架空，淪為公司的橡皮圖章。萬分沮喪之際，我認識了陳董事長。閒聊之餘，他提到自己正在跟三個股東打官司，我們對合夥關係的利弊得失都很有心得，因為我們的處境完全一樣，同病相憐，自然而然就聊了開來。

後來陳董事長和股東們因為合作的誠意已經蕩然無存，最後還是把公司解散了，辦公大樓也全數變賣出清，換來的現金，四個人均分後，一拍四散，各不相欠。

在我對世事感到失望時，陳董事長帶我拜訪一位鑽研禪宗的簡老師，那也是陪伴他度過商業危機的生命導師。我就是在這樣的契機之下，開始接觸真正的佛教，體悟到人生無常的真理，慢慢地放下了一神教、多神教的信仰。

簡老師把長安東路一段的住家充當道場，每週固定講《金剛經》、《六祖壇經》，然後帶學員打坐禪修。在簡老師門下，包括陳董事長和我，還有顧先生、王先生和一位蔡先生，我們五個人關係比較好，常常相互切磋佛學，比賽看誰禪坐坐得久。

後來，蔡先生還帶我們去參加藏傳佛教的灌頂，學了一些密宗的手印跟咒語。

可能是人生找到了新的重心，我每天在家都打坐到很晚。起初妻子很支持，但久而久之，我可能有點熱衷過頭，半夜不睡覺，和其他四位師兄跑到山裏的寺院靜修，在山上小閉關，讓妻子覺得有點本末倒置，開始有點微詞。但妻子都是順著我的，說說就算了，總比我從前天天上俱樂部夜總會來得好。

直到有一次，妻子和我去簡老師家作客，熱心的師姊們煮了一大桌菜，有葷有素，有人盛了一碗雞湯，邊喝邊跟碗裏的雞腿說，喝雞湯者無罪，要索命就去找殺牠的人。

我覺得這種說法有點奇怪，當然也是妻子的一再提醒，我才漸漸反省，簡老師教的雖然是來自日本曹洞宗的純正禪法，但我們這群弟子的戒律不夠嚴謹，只在禪墊上做功夫，下了禪墊就沒功夫；不然就是好談神怪玄異，才有這種撥無因果的強辯之詞。連沒有上過禪修課程的妻子都知道，因果法則不是這樣運作的，我也就開始謹慎自己的修行。

簡老師曾經諄諄告誡我們，真正的禪，是在行住坐臥之中，待人接物都是禪；用真正的心去接待眾生，理解眾生的苦難，就是真正的神通。因為妻子的叮嚀，讓我察覺修行的誤區，就開始四處參學，宛如善財童子五十三參，拜訪各地名山古剎。

這當中，如果說我真的有什麼特殊感應，大概就是公司改為總經理制度兩年左右，公司發生接二連三的虧損，桃園的倉庫還被宵小搬空，前後賠了兩百萬左右；最誇張的是，海關居然抓到我們的貨物裏頭有走私品，不知道是誰夾帶的，也不知道夾帶的是什麼，整起事件不了了之，只有負責該批貨物的張總經理被關押了三天，也不知道為什麼就釋放出來了。

股東們眼看著心血就要化成泡影，臨時召開股東大會，把總經理制又改回董事長制。我在一九八四年拿回經營權，重新管理一切事務，直到現在。

當時，張總經理心有不甘，偷偷把航空公司付的美金，拿去黑市換錢，從中賺取匯兌利潤。

透過這種方式繼續虧空公款，以壯大個人的資產。人在美國的芮經理，因為對支票的開立特別有研究，警覺到有問題。後來請徵信社去查，才知道是張總經理在跟黑市交易。

為了掌握更多證據，我請航空公司經理吃飯，旁敲側擊地問出了事情始末。

「是這樣的，我們有一位張總經理，好像都跟你們用美金在交易對不對？你們收臺幣嗎？」

「張總經理？我不知道耶，但是我們收款的方式，就是按照當地的貨幣來計算。不然弄一個臺北區的營業部幹嘛？不用特地去換美金啦，在臺灣就是收臺幣，在日本就是收日幣，大概是這樣。」

確定了航空公司的付款方式，我和芮經理就召開董事會，質問張總經理，張總經理自知理虧，不敢多話，頻頻道歉。不出一個月，就主動辭職，把股份出清。

我本來以為送走瘟神了，結果他默默地把很多經理級主管都挖走，一九八六年自己開了一家貿易公司，但他的經營模式和商譽都有問題，不到一年，就經營不善倒閉，逃到大陸去躲債了。

我和芮經理認為張總經理的疑點很多，在他的貿易公司倒閉後，讓徵信社繼續深入追查，才發現原來他是經濟犯，是臺南某家紡織公司的總經理，深得老闆信賴，還差點娶了人家的女兒。結果一切都是他騙取信任的手段，他掏空了紡織公司的錢，連夜逃跑，人家告他，他就改名換姓躲到臺北，變成通緝犯。他是業界前輩介紹給我的，我相信介紹他的人一定也不知道他用假名行騙天下。

打從一開始，他就用假名跟我們立誓，難怪他膽敢這樣為非作歹。知道這個內幕之後，我只當是自作多情，錯把惡人當兄弟。時間久了，也就釋懷了，甚至感謝碰上這麼多風波，我才有機會認識佛法和禪修。

其實我在打坐的時候，有時候會有入定的跡象，甚至能看見自己的前世。例如，我看到我以前使用過的瓷器碗盤，背後都印著一個圖案，後來到日本玩也看到那個圖案，才知道是酒井家的家徽。

那一世，我的兄長是曹洞宗的和尚，我戰死沙場時，他抱著我的屍體跟我說，下輩子還要來度化我。我依稀記得這些，然後模糊地看著前世兄長的臉孔，忽然間一道白光，光影裏現出來的是這一世妻子的臉。原來，妻子就是我前世的兄長，所以才這麼慈眉善目，這麼有慧根。

自從我的工作被架空之後，還是每天專心工作，閒暇之餘就是禪修用功，後來拿回了公司的經營權，也重新認識了自己的自性，了解了這一世的功課。最重要的是，我終於重回了佛法的懷抱，開啟成為佛弟子的契機，更在禪修的練習過程中，遇見了我生命中最重要的恩師——證嚴法師。

在宮廟服務的歲月

一九八一年左右，我在長安西路和林森南路口的長老教會聚會做禮拜，這所教會是日本時代聖公會遺留下來的大正町教會，為具有尖塔、鐘樓、彩繪玻璃窗、闢尖拱窗及扶壁的哥德式建築，在臺北市中心特別顯眼。

星期天上教會懺悔我一整週的花天酒地，星期一又開始我商務生涯的紙醉金迷，縱然心中不願，但生命如此周而復始，我很清楚懺悔告解是一種心理平衡的作用，對身心的療癒是有效果的，只是長年下來，我無法感受到真正的快樂。

父母離開了，公司營運受到阻礙，又遭遇股東改組等困難，靠山山倒，靠人人跑，我的價值觀漸漸變成「自己解決問題」，而不是上教堂

「把問題交付給神」。我必須讓自己更強大，才能維持一個家的完整、一家公司的運作，這都是無人可以代受的責任。

知道我在業界遭受的苦難，與我知交相契的陳董事長好心地帶我開始學佛，因為他知道我是信上帝的，所以沒有直接帶我去寺院，而是找了一位居士簡老師，我們一起在他的居家佛堂，像上課一樣很輕鬆地開始了佛學的思辨，沒有宗教上的儀式，就是純粹禪修打坐，討論佛法。

這種形式簡單的風格，雖然讓我能夠在浮躁的工作中尋得一點心靈綠洲，但依然無法滿足當時急公好義的我。那時候的我，還沒理解禪法的奧祕，很直觀地認為應該要學一點法術之類的東西，才能解決人生的問題。

再多的神通，都不如發大願來得有效。這是我進了慈濟之後，在證嚴法師的一言一行中領悟的。常常有人想知道法師究竟是修行到菩薩的第幾地，法師字字禪機，說他是修到「腳踏實地」。也有人來求法師加持，法師雖然慈悲隨順，但依然不忘教導他們佛法的真實義，他說，如果加持一下，病痛就會消除，那他又何必那麼辛苦地籌建醫院呢？聚沙成塔，集合醫護專業與十方善士的願力，就是最好的加持。

但當時我一心只想趕緊修練神通，在北投湧泉寺打坐，一坐就是三個多小時，三個多小時彷彿只有三秒鐘，我似乎還坐到見性，按照佛經講的次第境界，冒汗發熱，深呼吸、調息、顫抖，最後變成光體，跟宇宙結合。總共十個境界，我都經歷過了，其他四位師兄也有或多或少的感應，但是他們對我的進步神速都感到詫異。

我打坐會看見許多景象，許多大大小小的災難，像電影一樣一幕幕出現在眼前，常常前一天看見水災、火災、風災、地震，隔天報紙就刊登出來，某某地方發生百年一遇的大災。而且新聞照片的攝影角度，跟我看到的景象完全一樣。我愈看愈心驚，本來想收攝心神，回到無念無想的禪定修行，但只要鋪好蒲團，一坐上去，眼裏就看到娑婆世界的災難。我跟師兄們討論這個情況，他們推測我可能得到某種神通了。

但是我不相信，我只有看到悲慘的景象，看完只能一直哭，一點辦法都沒有。想要用密宗手印去克服災難、救援那些難民，完全沒有用，災難還是不停發生，人命還是不斷傷亡。我確信這不是神通，神通應該能夠救人。

我去吉祥寺拜訪為母親做超度法事的賢頓老和尚，他認為我得了悲魔，打坐到靈魂出竅，靈魂跑出來看著肉體，回到肉體時人會很累，悲魔就有機可乘。賢頓老和尚說，這種情況下暫時不要打坐。

聽法師的話，我就這樣休息了三個多月，但因為想要解救世人的心念愈來愈強，就透過其他同行介紹，拜了崑崙派第二十七代掌門人劉培中老師為師，非常認真地學習各種道法，心法、咒語、指訣，最後還受證，成為可以替人消災解厄做法事的道士。

因為我有禪修的基礎，所以道法學得很快，漸漸能在各種境界中看見一些神祕力量的運行。

暫停打坐一陣子，有一次在家裏想要嘗試重新打坐，忽然就在定中見到證嚴法師。當時我還沒有認識這麼多出家師父，也不知道那就是證嚴法師，但我一直把這件事情記掛在心上，往後只要有機會參訪寺院，有能力供養僧人，就想找出定中境界所見到的那位僧人。

我是在打坐的時候，看到一大片青翠的山峰，山巒疊秀中有一條小徑，一位灰袍出家僧人走在我的前面，我只看到他的背影，還辨不清男女，但看僧人一直往前走，我不由自主地一直跟在後頭。

一路走到一處斷崖，斷崖底下是高速公路，結果那位僧人居然一腳就要跨向斷崖，我嚇得大呼一聲師父，趕緊要伸手去拉他，結果一拉，他就不見，我以為他掉下去了，忽然間，半空中現出一個比斷崖還要高聳巨大的僧人，換去了灰袍，取而代之的是通身七彩琉璃的法相，端坐蓮花之上，發出毫光，莊嚴的誦經聲，不絕於耳。

雖然是在定中境界，但我可以感受到，我的雙手已經下意識地打出了蓮花劍指的手印，我看見自己被七彩毫光打中，也現出了金剛忿怒相，整個人變得比山還高，腳踝就有一棟房子那麼高。漸漸地，七彩琉璃光的法相忽然化成一個光點，所有的光影全都消失，我從定中出來，看看時鐘，居然已經三個小時，這宛如幻夢一場的禪定境界，直到現在都還常常浮現。唯一留在念頭裏的，就是那位出家師父的背影。我深刻地記得那樣臞弱但是腳步堅定的背影，他踏出去的每一步，每一履，我都記得清清楚楚。

其他四位師兄聽我講述了禪定中的境界後，決定要找出這位神僧，我們四處去拜訪道場，一聽說哪裏有很厲害的出家僧人，或在家的大德居士，就會專程開車去拜訪，就算不是我定中境界的那位僧人，我依然很法喜地供養三寶。

打坐的經驗中，家裏祭拜的西秦王爺也在一個境界裏指示，要我去家裏附近的宮廟做主委，運用我的道法濟世。

那座宮廟每個星期都會開放信眾問事，有時候排隊掛號，一排就是五十幾個人，信眾問事問到半夜，宮主常常分身乏術忙不過來，我就跟宮主商量，除了說明我跟簡老師學《金剛經》、劉掌門學道法的歷程，也提到西秦王爺的顯化。

宮主看了我的崑崙派證書之後，認為我不但可以出錢作主委，還能出力幫忙宮裏的聖事，便欣然答應了我的請託，讓我參與宮廟的事務，還和我交流了一些正一道的指訣、咒語。

很奇怪的是，在他扶乩的過程中，我彷彿也能自己參悟一些法術，每次宮主才剛開始請神上身，我隱約就能看見信眾背後的問題，然後心裏就知道大概用什麼道法或符咒，可以替信眾排解。等到神明降駕，開口說的辦法，通常都跟我看見的差不多。我也是這樣慢慢體會到，宇宙中真的有一些科學難以解釋的事情，每天都在發生。

有時候宮主精神不濟，請的神沒來降駕，但信眾就跪在地上等候神諭，宮主只好硬著頭皮照跳。我私下好意地跟宮主說不要這樣騙信眾，以後會有因果業障，跳不起來就用道法排解，不一定要起乩，他卻說我不懂宮務發展，不想要我多事。

神明是真的，乩童卻有很多都是假的，宮廟的宮主堅持己見，無論真假都要跳，那我就不能繼續待下去了。

我跟妻子商量了這些事情，妻子就叫我不要去宮廟了，另外找尋更正派的道場。所以我就離開宮廟，繼續尋找定中境界所見僧人的旅程。

【第六卷】走入慈濟宗門

尋佛心，守師志

離開宮廟，我重拾起《金剛經》，參透裏面的「應無所住而生其心」，自己多悟出一句「若有所住即是非住」，便開始尋找真正的佛教道場，去體驗諸行無常的真實意義。

我第一個皈依的佛教法師是廣欽老和尚，我和陳董事長約好了一起去受戒，算是在佛道顯密各教流浪的一個終點站，專心踏入佛門，深入經藏。

那天從臺北趕到六龜妙通寺的時候，已經晚上十一點多了，老和尚平常九點多就安板，但那天不知道為什麼，當我們把車子停在妙通寺停車場，三步一跪，才剛剛跪到山門前，知客師竟然已經在山門守候，一見到我們，就說老和尚正在等我們。拜見了老和尚，我們感動得當場跪在地上，老和尚摩了我們的頭頂，要我們去大殿拜佛，然後趕緊休息，準備迎接隔天的皈依。

隔天是傳皈依戒的大典，與會信眾一兩百人，我們並沒有特別表明身分，只是跟著一起報名的信眾而已。在這之前，我們雖然見過老和尚，但為何老和尚要特別等我們兩個，還專程派知客師來山門迎接？這個謎，後來我親自問了老和尚，老和尚總是默然微笑，不發一語。

我去拜訪每一位出家師父，或是在家居士，都會問我們之前是否見過？這些修行人都很誠懇，沒見過我的，會直接說沒見過，我就知道他們不是我定中境界看見的那位法師。

雖然不是我想找的僧人，但這些高僧大德都非常值得親近，我也樂於參訪道場，禮敬名僧，足跡遍布全臺，只要聽說有高僧駐錫，半夜開車都會趕去。

後來廣欽老和尚比較常在承天禪寺，我也常去拜見老和尚。他一見到我就很開心，常常開示到很晚，侍者擔心老和尚的體力，好幾次婉轉地請我離開，但都是被老和尚留住。老和尚執意繼續講，後來乾脆先遣退侍者，讓侍者先回房安板。

一九八五年，老和尚比往年開示了更多事情，特別叮囑我要廣結善緣，講話的速度也稍微加快了一些，他早就預知時至了，怕我們來不及準備，所以用這種方式示現，但我們這些信徒哪裏知道，他用這種方法在交代他的後事。

信眾渾然不覺，每天到寺院共修，以為老和尚健步如飛，講話速度更快更有精神，應該會陪我們到一百二十歲。

一九八六年，國曆二月、農曆十二月底，念佛共修一結束，老和尚就讓俗家眾趕快回家吃年夜飯。那一年很特別，妙通寺除夕夜關門之後，會封山謝客幾天，等到公告新春團拜的日期到來，才會重啟山門，但廣欽老和尚遲遲不讓禪寺公布團拜的日期，只說時間到了就會告知大家，要大家別著急。

誰曉得那時間就是正月初五，而告知大家的方式，就是廣欽老和尚的圓寂。完全不讓我們這些俗家眾替他操心，正月初五已經放完年假了，大家回到寺裏，常住師父們已經按照老和尚的遺囑，把他的法體安置妥當。荼毗大典在妙通寺舉辦，全臺灣的高僧、法師都匯聚一堂，俗家眾們也塞得小小的六龜山路水洩不通，大家都想請老和尚的舍利子回家供奉。

在那之後，我四處尋訪有德的僧人，深入學習真正的佛教，奠定了今日還算穩固的佛學基礎，至少可以在分享會上，向社會大眾分享學佛心得，講解《地藏經》、《金剛經》等經典。

我還在妙蓮長老那裏打過佛七。女眾是佛七，男眾則是短期出家，我本來看著報名表，想到出家戒律很嚴格，一時間不敢輕易答應，是妻子很想去寺院清修一陣子，主動邀我一起去。我想這也是善妙因緣，於是就答應妻子，跟公司告假，當和尚去。

妙蓮長老的道場宗風嚴格，十點安板，半夜兩點就要起來。我們這種意志不堅的俗家眾，撐到第四天就不行了。第四天要拍團體照，因為烈日當空，身體適應不良，我一走到陽光底下，感到劇烈的暈眩，眼前景物失焦，看著牆上的法輪居然變成兩個影子，佛像也變成兩尊，等著合照的人群也變兩團。必須閉起一隻眼，才勉強看得清路。

我去醫護室想要點個眼藥水，醫護室的人卻說我是業障現前，不必點藥，要我去拜妙蓮長老，多拜幾下就會消業障。這跟我一直以來學習的佛法教義不一樣，妙蓮長老每次禪修的開示也不是這樣，但我想不要破壞人家道場的規矩，就乖乖地去方丈室找妙蓮長老求救。

妙蓮長老一聽完我說的，就把醫護室的人找來，說我這個點一點眼藥水就會好了。他說以前剛剃光頭也會這樣，太陽太大晒到瞳孔失焦。佛法教義，原來是很樸實的，吃飯睡覺無一不是，都是世人心神不專，喜歡造作無明業障，才會心生顛倒。

但妙蓮長老也不是我定中見到的法師，後來聽聞聖嚴法師在農禪寺主持禪七，就去報名參加。那時候的農禪寺是溼地上小小的一座道場，我坐在柱子邊，已經快要進入禪定了，結果有人從外面走進來，門一開一關，頭頂忽然一陣冷風灌下來，當天就生病，只好告假返家，之後更病了整整十一天。我知道跟聖嚴法師大概是沒有師徒緣分。

在尋找定中僧人的過程中，我不忘要護持三寶，像淨空法師的佛陀教育基金會，每年印製很多部佛經，無償分送海內外，我是從事通運業，就免費幫忙把這些法寶運到全世界的淨宗學會。其他像悟明長老、宏印法師我都常常親近，我的戒師就是懺雲和尚，去埔里受五戒。曉雲法師要辦學的時候，我也樂捐了一點心意。

直到一九八四年，我們五人結伴去三峽長壽山元亨寺拜訪老師父，遇到美珍師姊。元亨寺的老師父指著美珍師姊說：「這是菩薩的徒弟啊，菩薩示現在臺灣，你們趕緊去護持。」

「什麼樣的菩薩呢？」我問。

「花蓮師父啊，一位非常傑出的比丘尼，快去吧，年輕有為的菩薩出世，是臺灣之福。」老師父又指著美珍師姊說：「你帶這些年輕人去花蓮找你師父吧！」

「花蓮啊？」

我當時聽到在花蓮，心裏頭盤算著交通往返的困難，其他人大概也是差不多的表情。我們這樣一個目光閃動，被美珍師姊注意到，她趕緊補充說明：「不一定要去花蓮啦！這個月底在吉林路，我們師父固定會上來臺北跟大家開示，你們一起來吧。」

我想，這就是因緣巧妙，我那時候腳關節長了骨刺，約好了下午三點半要去吉林路見那位「花蓮師父」，結果關節從下午一點就開始痛，痛到我都快打退堂鼓了，但又怕這位就是我要找的僧人，牙一咬，心一橫，腳斷了我都要見見這位「花蓮師父」。

那時候慈濟很小，根本沒人認識慈濟。我們五人在吉林路的臨時會所會合，我一看到「花蓮師父」，開口就問：「這位法師，我們見過面嗎？我們的因緣成熟了嗎？」沒想到，「花蓮師父」居然深深地嘆口氣，看著我們五人說道：「你們這些好弟子，怎麼現在才回來？」

聽到法師的答覆，五個大男人居然都哭了，而且是痛哭流涕。法師卻是神情平淡，提到花蓮正在籌備蓋醫院，要我們五個人有時間回靜思精舍參觀。

我們約好時間，五個家庭，共二十幾個人結伴去花蓮。全臺灣的寺廟，我大概都去過了，卻少見這麼簡陋的精舍。房舍很小一間，中間一個小中庭，堆放著許多養樂多的空瓶、竹篩、板凳、剪刀等工具，像一個小小的家庭工廠。自食其力的小僧團，居然能發起興建五、六百床的大醫院，實在很不可思議。

我們在精舍聽法師開示很久，準備搭五點的火車回臺北，就在差不多要離開、恭送法師時，法師一轉身，這個背影和步履就被我認出來了，跟定中境界看到的一模一樣。我拉著妻子，看著其他四人說：「找到了找到了，真的找到了！」

我非常興奮，也顧不全禮節，立刻上前對法師說我要皈依。法師說他不重儀式，要皈依當然可以，但有兩件事務必要做到，如果可以做到，就拜三拜。

我想都不想，問也沒問，就說：「我一定做得到！」說完，撲通就跪下去拜了三拜。法師待我起身之後，才送我這句永遠的戒律：「你要以佛心為己心，以師志為己志。這樣就算皈依佛門了，要持守最基本的五戒，曉得嗎？」

「是！」這一句應答，開啟了我後半生，寬闊無際的光明善道。

福慧雙修做訪視

加入慈濟之前，母親就經常提醒我要多做善事回饋社會。有時候，她會把報紙上的社會新聞特別摺起來，要我關注一下如何幫助對方；看到哪裏發生火災了，就去慰問有沒有需要捐助的受災戶；瑞芳礦坑發生礦災的時候，也要我趕緊捐錢去救濟他們。母親常常說，以前沒能力，接受人家很多幫助，現在有能力，就要盡量發揮。

除了定期捐兩口棺木，我的後車廂都隨時攜帶填土的工具，看到路上有坑坑洞洞、安全島標示不夠清楚，任何可能危害到用路人安全的，我就去架三腳架，自己去填土、貼反光貼紙，然後打電話通報公路局，請他們來修繕。

穿上了代表慈濟人的柔和忍辱衣，行善的範圍更寬廣了，北中南區的慈濟委員們串聯起來，一張張慈愛的善網，確保每一位需要幫助的眾生，都能被慈濟人接住。

慈濟志工每月例行任務有兩件，一是拜訪感恩戶（照顧戶），另一個是向善心人士勸募善款。這兩件事情對當了十多年董事長的我來說，難免還是有一點不好意思。

我先是拜訪一些從前的客戶或同行，他們本來都知道我在做慈善事業，卻是第一次看見我這麼低姿態地跟他們解說慈濟的願景，都對我的轉變感到十分驚訝，也因此而對慈濟志業愈來愈有興趣。

曾有大老闆聽完我的解說後，把六十多名員工集合起來，重新幫我介紹了一次慈濟志業。員工們得知我是做國際通運貿易的大董事長，卻放下身段為蓋慈濟醫院而向人募款，紛紛熱烈捐獻，光一家公司就募到兩萬多塊。

從最早的竹筒歲月開始，救濟貧戶就一直是慈濟最重點的工作。為了能幫助更多貧苦人家，除了商業上往來的客戶，親朋好友我都拜訪過了，最後，甚至想到以前光顧過的酒店，裏面的小姐、媽媽桑都很有愛心，常常集資，捐到育幼院去幫助孩童。

以前我是大搖大擺地跟她們喝酒作樂，但我現在持戒了，不喝酒，也不可能碰女色，所以我也不敢進去酒店，只打電話給領班，從他們那裏，問到幾位當年跟我關係比較好的小姐和媽媽桑的去處。

酒店小姐跟媽媽桑只要存的錢夠了，有的會出來開個小賓館、卡拉OK，有的會開家小吃店或飲料店。但就算找到地址，走到她們開的賓館或卡拉OK的門口，想起從前的荒誕歲月，我還是躊躇徘徊，很不好意思進去。以前又喝又鬧的樣子，她們應該都還有印象，如今我穿著慈濟制服，去跟他們說明慈濟志業，向她們募款，感覺好像有點假清高。

我有點自慚形穢，不知道要怎麼開口，結果她們在門內，遠遠就認出我來，一看見我就黃董黃董地喊，拉著我要進去消費，我搖搖手，說我現在加入慈濟了。

「唉唷，我們以前就知道你最有愛心的啦。這麼久沒來，要不要多坐一下啊？」

「沒有啦，我不是來光顧，我是來……」我猶豫了一下，吞吞吐吐，不敢直接說出要向她們募款的事情，但一想到拜訪過的感恩戶，那種徬徨無助，不知道下一餐在哪裏的無奈，我就豁出去了。

「那你們怎麼知道誰是感恩戶？我們怎麼知道這個錢捐出去，是真的給需要的人呢？」有的人會這麼問，或是有的人會說：「我已經有固定捐的團體了。」

「喔，我們會定期訪視感恩戶，了解他們的生活狀況，像是無法工作或工作不穩定、老弱或重病傷殘等，才會去幫助。而且我們都是志工，捐助都是直接、重點。」一般人聽到我這麼講解，不但會很歡喜地盡一點心力，甚至還會跟我約時間，想要參觀花蓮的靜思精舍和慈濟醫院工地。

證嚴上人常常說，學佛要去接引眾生，要讓人們有種福田的機會。我以前不懂，以為在禪堂修行，有神通成就了，就可以接引眾生；後來走上街頭，才發現志工們無分烈日豪雨，不畏地震風災，就是一個個菩薩示現，隨處說法。

那些小姐、媽媽桑聽完我們扶助的感恩戶案例，也看了好多張現場照片，不誇張，真的就像大公司的老闆一樣，撥了幾通電話出去，然後就是好幾十個酒店小姐跟媽媽桑，甚至還有酒客來找我樂捐，並留下聯絡方式，固定捐款五百、一千的都有。

有一回，我穿著慈濟的藍天白雲制服，帶著《慈濟道侶》半月刊去拜訪金山南路的客戶，想跟他們分享慈濟。但那天客戶剛好去美國出差，公司的櫃檯小姐說，要一陣子才會回來。

「這樣啊，那我改天再來。」

我正要離開的時候，櫃檯小姐就叫住我。

「黃董事長，你也在做慈濟嗎？」

「對啊，你怎麼認得出來？」

「喔，我姑姑住宜蘭，她也是慈濟人。」

「那你有沒有一起加入慈濟啊？」

「一直沒有機會，不然真的很想幫助大家。」

「你可以每個月捐一點善款，就可以幫助人了。」

「真的嗎？那我這個月先捐五十塊，可以嗎？」

「當然可以啊。」我立刻做了紀錄，約好下個月再去收善款。

大概收了幾次，有一次我的車子送修保養，我只能從濟南路搭計程車去金山南路，這樣來回就要三百塊，我想說這樣收五十塊善款太不划算，後來在吉林路的臨時會所就跟上人報告這件事。

「那是人家的福田，你不能斷。你要騎車、要走路、要開車，要怎麼過去，那是你的問題，你的選擇，但是這個善款，一定要去收，不可以斷了人家的善根。」

聽了上人的教導，我就乖乖去收善款，說也奇怪，就在那個月收善款的時候，跟她多聊了幾句慈濟目前的發展，我本來要拜訪的那兩位客戶剛好回來，他們聽說櫃檯小姐也捐了，就很感興趣地問起慈濟的事情。我拿出《慈濟道侶》半月刊向他們介紹，他們非常認同慈濟的遠景，就號召全公司的人，總共五、六十個人，捐了兩萬多塊，光是董事長們一人就捐三千元。

如果我沒有親自去收善款，就斷了這五、六十個人的善根。想起來真是戒慎恐懼，也不得不佩服上人的智慧。

我那時候負責開車載北區的師姊們，拜訪新竹以北的感恩戶。剛開始要拜訪感恩戶的時候，我心裏就想，那種三餐不繼的事情，已經是我童年的故事了，現在這麼容易賺到錢的時代，經濟大好，股市一片看漲，臺灣怎麼還會有窮苦人？

結果訪視了竹東一戶人家，並且到他們家裏去打掃的時候，我真的被窮苦人家現實的景況嚇到。

我永遠記得那戶人家住在竹東的山區，我那時候開著低底盤的積架汽車，載了三位師姊一起去。山路顛簸崎嶇，開到一半，車子底盤卡住就上不去了，我們四個人只好下車用走的。

沿路問到砍柴的人，問某某路的二〇二號在哪裏，一問竟問到溪邊一間竹子搭的，像工寮一樣的小房子，比我小時候家道中落的慘況還要更慘。我們只是遠遠看到竹房，隔著至少五、六公尺遠，就聞到一股豬屎臭味，那些師姊是身經百戰，非常勇敢，連口罩都沒戴，就上前去敲門拜訪。

裏面住了一個三代同堂的家庭，一位久病臥床的阿嬤，癱在床上不能自主，一個侏儒症的媳婦，跟一個唐氏症的小孩，靠在阿嬤的床邊，傻傻坐在地上笑著。

當時看到這戶人家的資料時，很是鼻酸。家中唯一的經濟來源是那位侏儒太太的丈夫，但是某天晚上開車回家被撞死，而肇事者逃逸無蹤，全家求償無門。

太太本來也去打零工，但前些日子突然中風，工作沒了，一家三口就靠家扶中心補貼一千兩百塊，還有鄰居提供的蔬菜水果，勉強度日。一位師姊負責記錄建檔後，建議列入長期照顧戶提供經濟補助。

另一位師姊取得太太同意，要幫阿嬤和孩子洗澡，深山裏面沒電沒瓦斯，連水都要去溪邊挑。師姊不厭其煩，一擔一擔挑，把水裝在一個大鐵桶裏面，然後開始燒柴煮水。

我是苦過來的，本來就不怕做這些事情，把西裝脫下，開始幫他們清掃沙發跟床墊。阿嬤躺的那張床墊很難掀起來，我本來以為是不可拆卸的，結果用力一掀開，居然都是乾掉的屎尿痕跡，把床墊跟床板黏在一起，床墊底下還有幾百隻蟑螂、蛆蟲亂竄。在臺灣經濟逐漸富裕的七〇年代，各地卻還有很多這樣貧窮的人，我落下了眼淚，想起自己以前雖苦，但也不曾這麼苦過。

我把床墊拿到外面的小溪旁，一直努力刷洗，弄了一個下午，還拿石頭去刮床板、草蓆、墊被，好不容易才把整個床上的糞尿清除乾淨。當我把善款交到太太手中，她感激涕零的那個當下，我忽然能體會為什麼上人常常說「做就對了」的用意。

我的腳底也一攤血

我常常說我坐在尾班車上，慈濟在一九六六年成立，我是一九八四年才加入。在我之前的師姊們，遵從證嚴上人的教導，已經替慈濟奠下很好的基礎。非常感恩能趕上慈濟重要的發展期，看到師姊們這麼精進，上人也總是不畏艱難，我自然而然地卯足全力想要趕上大家，替眾生服務。

慈濟草創之初，上人看到太多因貧而病、因病而貧的案例，而花蓮的醫療又遠遠不如臺灣其他地區。上人首先想到的，是加快精舍製作嬰兒鞋、蠟燭等手工的速度，以增加會務基金。

那時一雙嬰兒鞋賣新臺幣四元，精舍的常住法師有六位，每人一天多縫一雙，這樣一年就有八千多元收入，在當時尚有保證金的醫療體制底下，就可以援助很多急診病患。上人也鼓勵大家，一天存五毛錢，每個月省下十五元買菜錢，自己吃得差一點，就可以讓人活下去。

一九六六年，上人在鳳林一家診所地上看見了一攤血，那深刻印象烙在心中；一九七九年，上人和當地醫護人員在花蓮展開義診已有七年時間，於是發願要在當地設立一所綜合醫院，並廢除保證金的陋習。那一攤血，是上人親眼所見，也激發了他為佛教、為眾生的大願。如今，花蓮慈濟醫院已救治了難以計數的患者，是東臺灣重要的醫療中心。

不過，就我的印象來說，當時並不是所有慈濟委員都同意上人的決定。倒不是因為不慈悲或是怕麻煩，而是擔心上人的體力，無法負荷建立醫院的重擔。

那個時候的慈濟，只是一個小小的地方性慈善團體，影響力非常有限，受證的委員也不過一百多人左右，建院經費則從初估的三千萬，追加到四、五億，而且只會多，不會少。我是開公司的人，很清楚這個數字背後的壓力有多麼沈重。但是上人毫無畏懼，堅持要蓋醫院。

我剛接觸慈濟的時候，只是想學習上人的法，並沒有決定要成為慈濟志工，我的事業如日中天，怎麼可能放下一切去當志工。直到我遇上了負責導覽慈濟醫院工地的顏惠美師姊。

那時候，醫院的地下室還在搭鷹架，顏師姊帶我們參觀醫院建地，她走到膝蓋都腫了，臉上還是笑嘻嘻的。我聽完顏師姊的導覽，深入理解了慈濟醫院籌建的艱難，隨即立願加入志工行列，不只要學習上人的法，更要去接其他師姊的棒子，承擔粗重的工作，以及幫忙導覽。

導覽是針對十方社會大眾，接觸到的人很多，我從事慈濟慈善志業的消息，也差不多是那個時候被傳開來的。

除了客戶和同行曾在慈院預定地看見我揹著大聲公，穿西裝、頭戴工程頭盔、講解慈濟志業的身影。連公司的財務經理也看到我，當時她還認不出來，聽到我的聲音才確認是我。她非常訝異，因為我在公司總是嚴肅地板著一張老闆臉，一有工作上的進度落後，就會大發脾氣，結果在精舍卻是個斟茶倒水的熱心志工，微笑總是掛在臉上。

那個反差太大，也讓她增長了對慈濟、對上人的信心，原來只要方法對了，一個人的轉變可以這麼大。

導覽醫院的時間很長，我請芮經理管理公司，我一個星期請兩天假，加上週六、週日，總共四天時間，安住在靜思精舍當志工。每星期五晚上十一點多搭火車到花蓮，隔天一早做完早課，就去醫院導覽。這樣維持了八個多月，我每次都買站票，但每次都有空位可以坐，連續六十四次如此，我常常說這就是願力，有願，整個宇宙都會來成全你。

專程回到精舍，一方面美化精舍環境，一方面帶參觀者去看醫院用地的進度，向他們募款。我們一群志工，自己弄來吃柴油的大型除草機，修整精舍的草皮，還用石頭磚塊鋪路填磚，弄到手都起水泡，就是希望上人的大願能夠早日成就，眾生可以免除病痛苦難。

那時候年輕有體力，再加上志工人數少，常一人當兩人用。我認為這就是一種特殊的、屬於慈濟宗門的修行方式，是那種言語道斷、一日不做一日不食的禪家風格，也是眾生皆有如來佛性的法華奧祕。

不得不暫時跟上人告假，是因為公司八個月就賠了八百多萬，芮經理雖然在美國很有經驗，但總公司三百多個員工，超出他的能力範圍。我有點灰心地跟上人說，乾脆公司收起來，把股份出讓算了。

「傻弟子，你不養那三百多人，要他們何去何從呢？你已經做到很多人都做不到的事情，也有一些善財可以資助眾生，這麼好的根基，不應該自毀長城。」上人笑笑地，還補了一句玩笑話：「而且，你要是不去好好賺錢，師父要靠誰幫忙呢？師父身無分文啊！」

我當時合掌面對上人，被上人這麼一逗，忽然間所有的陰霾都一掃而空。這就是禪師特殊的接引風格，望之儼然，即之也溫。

一九八六年八月十七日，是慈濟成立以來最重要的一個日子，花蓮慈濟醫院啟用典禮。我們男眾只有八人，上人稱我們是八大金剛，負責招待總統、貴賓、法師、大眾的行車動線、保全規畫等工作，所有烈日底下粗重的活兒，都由我們負責。不但要迅速確實讓典禮順利進行，還要保持慈濟人的威儀。

當時有十二位法師蒞臨灑淨，我非常感恩，當場跪下向法師們頂禮，也向比我早好幾年加入的慈濟師姊們頂禮。現在再看當時的影片，都很詫異自己怎麼能有這樣的體力，完成這種艱難的任務，而且一做就是半輩子。

慈院啟用典禮結束之後，我們八人持續協助了院區交通、硬體維護等工作，緊接著慈濟護專啟建，又義無反顧地繼續投入工地生活，也逐漸累積了更多男眾志工加入。三年後，一九八九年，慈濟護專即將開學，已有八十多位師兄投入剛成立的保全組。

慈濟護專開學前一個星期，剛好遇上颱風，典禮預定場地一團糟，交通也不順暢，保全組趕工整理。護專在建國路，開學典禮和醫院三周年慶同一天舉辦，接駁的車子不夠多，兩萬多名會眾要兩地載送，車輛調度就變得非常重要。

所幸有慈院啟業的經驗傳承，以及無數次的會議和排練，保全組順利讓蒞臨的所有貴賓，都非常盡興地參與了慈濟的盛事。

當我們把護專這邊的賓客送走的時候，忽然有人叫住我，說我的白布鞋怎麼變成紅的。我這才低頭，看見自己的鞋子染了一層豬肝紅的顏色，趕緊脫下鞋一看，兩隻腳，整雙襪子紅紅一大片，原來我的腳早就走到破皮又破水泡。

其他人看這樣不行，拿來輪椅，趕緊推我上車，去慈濟醫院的急診室打破傷風針。這是我第一次享受到花蓮慈濟醫院的便利，但針才打完，我就起身，執意要和大家一起把保全的工作完成。

「師兄，你還是休息吧，我們來就可以了。」

「不行，做好事，少我一個都不行。」

我想到顏師姊當年也是這樣忍著痛，不，說不定跟我的腳一樣，根本不會痛，也不用忍，就是歡喜心這樣一直做下去，根本沒有所謂的痛。痛就痛它的，做就做我的，就能夠接引救援更多的眾生，當然也要繼續做下去。

護專開學典禮結束後，保全組暫時沒有任務，有人提議是否要解散，但我想到這一陣子的幾次行前會議、沙盤推演、實地演練等，都是非常難能可貴的經驗累積，如果不能有效地傳承下去，對慈濟志業是很大的損失，於是就斗膽向上人提議，將保全組重新組織起來。

第一次開會是在臺中，我安排了所有人的交通往返，並恭請上人主持會議；上人鼓勵大家將力量凝聚起來，在慈濟各種場合發揮功能。隔年，正式編組，因為最初是我提出來的方案，大家便要拱我當大隊長，婉拒後，又推舉我擔任榮譽執行顧問。不久，上人指示正名為「慈誠隊」，我也就成了慈誠隊一號隊員。

除了籌組慈誠隊，當年為了要推動護專的成立，我也曾經付出綿薄心力。護專成立那年，有一場由文建會主委和經濟部長趙耀東所指導的公益團體會議。當年與會的社團包括扶輪社、獅子會、崇她社、同濟會、青商會，再加上慈濟，六大慈善社團都到齊了，因為我剛好有扶輪跟慈濟兩個身分，所以就兼任兩個身分去分享會務，並介紹未來展望。

扶輪社大家都很熟悉了，國際會務也持續穩定發展中，慈濟是當時比較年輕的社團，所以當我談到慈濟醫院成立背景，以及總統和內政部長等人的支持，就順勢談到成立護專的迫切性。

「我們上人長期耕耘東部，看出很多問題，包括就業問題、醫護比例失衡問題、醫療設備不足的問題，成立護專就是解決這些問題的良方之一。培養醫術醫德兼具的白衣大士，就是慈濟的願景。」

我講完之後，臺中護專的陳若慧校長就舉手問我一個問題：「在教育現場這麼多年，我都不敢奢談要解決護理荒、醫護比例的問題，你們慈濟護專才兩個班，請問要如何解決護理荒呢？除了願景願力，有什麼確切的實施辦法嗎？」

我當下差點要立刻回嘴，但一想到我是代表著慈濟全體發言，就壓抑了下來。那天早上，我剛好翻看了《靜思語》，上頭寫著：「逆境現前時要心存感恩，因為可遇不可求。」

我笑著回答說：「我們上人有一些想法，當然跟校長專業的思維不太一樣，但如果校長願意的話，我們很歡迎校長來指導。」

會後，我寫了一張紙條，當時坐在我旁邊的是辜嚴倬雲女士，我請辜嚴女士幫我轉交給陳校長。陳校長一拿到紙條，裏面除了我的聯絡方式之外，我還很感恩她給我們這麼好的機會教育。她見我身段柔軟，對自己的直言也感到抱歉。

「沒關係啦，校長，大家都是希望臺灣更好，什麼時候方便，我可以請校長來指導一下慈濟護專嗎？」

「指導不敢，有機會的話一定會去拜訪，到時候再麻煩您了。」

當下我們雖然沒有約定時間，但就在隔年，我在臺中意外遇到了陳校長。陳校長還記得我，她親自開車帶我去臺中護專參觀，分享她在護專第一現場的心得。

短短一場會議，我臺上邀請一次，紙條邀請一次，親口邀請一次，隔年又在臺中巧遇，再請一次，比三顧茅廬還多一次，因為有了這一層層的因緣，後來陳校長真的去參觀慈濟護專，不僅提供了寶貴的意見，也介紹了很多優良醫護人員與教師給慈濟。廣結善緣說起來容易，但做起來就是要這樣精誠待人，別人才能體會到真正的善意。

醫院建好了，護專也成立了，但是慈濟志業的腳步沒有停下來。一九九三年間，上人理解到骨髓移植對血液疾病患者的重要性，唯有建立骨髓資料庫，才能提高配對機率，但光是送去美國檢驗血液樣本的費用就非常昂貴。上人為此苦思不已，多方詢問，有些醫療專家甚至明白地說，連政府都沒把握成立的骨髓庫，慈濟做起來肯定困難重重。

但上人向來都是不怕困難的，慈濟就是克難起家。為了增加配對機率，上人行腳全臺各地呼籲「救人一命，無損己身」，如今配對成功率已經高達六、七成。

我很真切地感受到慈濟成立的骨髓庫可以把一個人救活，因為我協助送出去的骨髓，真的救活了一位婦人，也拯救了一個家庭。

我總共送過四次骨髓，第一次是送往上海第一醫院，第二次是浙江醫院，第三次汕頭第一醫院，第四次則是廣州醫院。其中，汕頭第一醫院救活的那位女子，我們一直都保持聯繫。

慈濟醫院從無到有的建設過程，我親眼所見；慈濟護專從零到一的發展，我親手呵護；抽出的骨髓必須趕在二十四小時內送達受髓者的醫院，我親身參與。只要是對的事情，慈濟人不會停止付出。

制度與智度

我是從禪宗入佛門，家裏很早就請購了一整套的《大藏經》，每天就隨手抓一本來研讀，對於佛理的掌握算是有點心得。剛開始跟慈濟人一起做事的時候，發覺慈濟志工不一定都讀過這麼多佛理，甚至教育程度也不高，而是受到證嚴上人感動才加入慈濟。

我偶爾也會質疑，是不是像人家講的，慈濟是修福不修慧，對佛理一竅不通，只能算是慈善團體，沒有佛教的核心教義，不算是一個嚴格定義上的佛教團體？

因為我四處參學的習氣還很重，也曾很大膽地請示過上人這類問題，還記得上人當時只是笑笑地，沒有批評，他要我慢慢觀察，讓我多讀讀《六祖壇經》。

我心想，這些經典我算是很通透了，不知道還能讀出什麼端倪來？但就聽從上人的教導，慢慢觀察慈濟志工的生態，自己邊讀經，也試著投入慈善訪視，在醫院工地擔任志工。

也就是這樣，終於發現上人開示的「慈濟四神湯」——知足、感恩、善解、包容，就是佛理的濃縮；而三輪體空，則可以在慈善中實踐。上人談的佛法，一切都是從「行」發散出來的。

《妙法蓮華經》中的常不輕菩薩，絕對不輕視任何一個人，點破了我的貢高我慢，這才頓悟，六祖惠能也沒受過高等教育，是如何開悟，如何引導一代眾生，開創中國禪風？可見，在我遇到上人之前，所學的都是傲慢心、分別心，距離成佛還差得太遠太遠了！

慢慢被上人調伏，除了善念增長之外，很多惡習也都放下了。第一個放棄的就是釣魚，買的都是上好的進口釣竿，各種吊鉤都是一大串，什麼款式的都有。我很享受甩竿的快感，還有拖竿的那種刺激，河裏也釣，水庫也釣。我釣魚，我太太就宰魚，全都是殺業，有時候一鉤就是六條魚，以前很開心看是六條魚可以大吃一頓，現在看到的是六條命，非常恐懼。

再來就是戒酒。因為商務應酬需要喝酒，特別是日本人，從社長、經理、副理、部長、臺灣總經理，常常五個人跟我一個拚酒。他們都叫我黃桑，五個人都跟我乾杯，要用臺灣式的乾杯，整杯要喝乾。

我想說一個人怎麼喝得過五個人，常常喝到吐，後來學聰明了，叫媽媽桑拿碗公來，把兩瓶陳年紹興酒倒進碗公裏，拿出碗公來乾碗。我一人乾一整碗，要他們也乾碗，他們哪裏敢這樣喝，當場就認輸。喝完，我趕緊藉故去廁所催吐，才勉強撐住，把生意談完。

同行和客戶聽說我加入慈濟，受了五戒，必須要戒酒，他們就笑說：「『借』酒，可以啊，借你，不用還。」就這樣硬塞酒杯到我手裏，還說我如果不喝，就是看不起他們。

那段時間我常常喝到被扛回家，妻子也無力把我梳洗打理乾淨，只好把我放在地上，讓我睡地上。因為家裏鋪有地毯，又怕我吐，就把我的上半身擱在廁所裏，下半身露在外面，就這樣邊睡、邊醉、邊吐。

隔天為了要讓宿醉的狀況減輕一點，還會喝幾杯回籠酒，喝到十二指腸潰瘍，大便都變黑。妻子當然勸我戒酒，還說要跟上人告狀，但我都是應酬所需，推也推不掉。

後來也是一段因緣，我真的潰瘍到不能上班了，送去三總急診，醫師一照X光，就說這個已經惡化了，要住院開刀。我看事已至此，往後就不會有人再逼我喝酒了，當下就發誓絕對要戒酒。

妻子憂心我的身體，準備了好多的寶特瓶，裏面裝半冷半熱的陰陽水，幫我念〈大悲咒〉。我一邊喝著妻子準備的大悲水，一邊向上人、向佛菩薩發誓絕對要戒酒，結果開刀前兩天，腸胃就止血了。醫師覺得很奇怪，把我留院觀察幾天，最後根本沒開刀就出院了。

後來花蓮慈濟醫院落成了，我就去花蓮慈院追蹤，把幽門桿菌和十二指腸的問題治療好，跟妻子開始了茹素、戒酒的生活。

然後高爾夫球也不打了，不過因為這個還有商務應酬的需求，而且也沒有違背佛教五戒，所以斷得比較慢。從前是一袋球桿拖著，哪裏有球場就去哪裏打球。有時候為了跟客戶搏感情，還會打那種帶有一點賭博性質的，打到界外就罰多少錢，打幾桿就多少錢這樣算，一場球大概都是五萬到十萬的輸贏。

但是當我開始關懷照顧戶之後，徹底翻轉了我的價值觀，不管是我賭輸的五萬、十萬，還是客戶輸給我的五萬、十萬，都可以幫助好幾個家庭。只要摻到賭，就是注定要輸的，不管是輸掉人生意義、輸掉時間還是輸掉金錢，十賭九輸，在因果業力輪迴的法則底下，連莊家都不算贏家。所以我就把高爾夫球也戒掉了，多出來的娛樂花費，全都可以捐出去幫助眾生。

加入慈濟是因為在定中境界看見上人，又深受上人在靜思精舍那種克勤克難的弘道精神感動，我一頭栽入慈濟，每週四天待在花蓮，看是要幫忙導覽慈濟的願景，或是打理精舍周遭環境，如果可以的話，我連剩下三天都不想留給公司，一心就想待在精舍，老實修行。

這種心情上的感受非常真切，但就連一個家庭都難免會有摩擦，在慈濟這樣一個匯集了十方善士的大家庭，意見和觀點的不同，都是經常發生的，我們志工都是在一次次的救災行動與會議中，慢慢進步，一起學習。

譬如為了醫院落成典禮的事務，我們幾組工作人員分頭在臺北和花蓮開會，結果兩邊結論相互矛盾，大家有點爭執，弄到不得不請示上人。上人看了會議紀錄，就說既然是臺北先開的會，那花蓮的會議應該要有臺北的會議紀錄，兩邊開會的結果相互配合，就不會有這些爭議。

我是個企業主，早年看志工的運作很沒有制度，很多事情都重複作業，浪費人力。我一直想要替慈濟建立一套系統，一個完整的制度。講好聽是想要有效率地管理，講難聽就是有點傲慢心態。

聽到我屢屢談到制度，因為是為了慈濟未來發展著想，所以大家也都沒有反對。不過資深師姊總會說，我們慈濟人都是自度度人，落實在生活當中，不是口頭上的，行住坐臥都在修行，自然就會有制度。

「而且，智度比制度更有智慧。」上人諄諄開示，都在磨練我的身心。有時候我會想，我何德何能可以讓這樣證量的人，一再引導，一再教導。莫不是前世因緣，否則像我這種只懂得商場生意的人，哪裏能碰到佛教這麼高深的教育！

上人最初開示的經典是《地藏經》，談地獄的苦，談物理、生理、心理的三理，都各有四相，生理有生老病死，物理有成住壞空，心理有生住異滅。而在這樣的本質底下，「行」決定了人的三理四相，所以上人常常說：「對的事情，做，就對了。」

千里之行，始於足下，沒有起頭，就永遠不會開始，上人帶著一群出家僧眾和志工，這當中有鑽研佛理的法匠，當然也有認真實踐的頭陀，沒有誰高誰低的問題，都是「行」。

譬如在路上看到車禍，如果只是旁觀，心裏或嘴裏說他們很可憐，但是沒有幫忙叫救護車，也不去協助他們，那也是無濟於事。慈悲不是掛在口頭上，而是要身體力行。慈濟就是這樣，用「行」的方式實踐菩薩道。

一九八六年我重新整頓公司，天天加班到隔天早上五點，然後做到有點貢高我慢，員工都很怕我，我從大門走進去，本來大家說說笑笑，一看到我進公司，馬上就噤聲不語。

這件事情不知道是怎麼傳到上人耳朵裏，某一次在長安東路舉辦榮董聯誼會，上人就點名我，叫我的皈依法號濟皓，要我上臺去。

我的榮董證號是二十四號，也是慈誠隊一號。我想，上人可能是要表揚我什麼吧，有點自豪地走上臺，結果居然是當著三百多位榮董面前給我漏氣。

上人一看到我，就說：「你在慈濟，在師父身邊，都很和善，都很慈悲，但是，你不能在公司就板著一個董事長臉啊！」

「上人，我要管理這麼多人，實在很困難。而且我長得黑乾瘦，不講話的時候，人家都怕；人家都說像閻羅王，人見人驚。」

「如果人看人驚，那應該跟鬼也差不多。人都不成樣，這樣要怎麼成佛？」

上人在眾多榮董和委員們面前，請人拿了一面圓鏡子給我，要我學習微笑，在公司多對員工微笑，承諾自己一定會改掉這個習慣。到現在，我辦公桌上還擺著那面小鏡子。

上人的法就是這麼神奇，用各種約束與教誨，愈是叮嚀我們，我們反而愈把心力都奉獻給慈濟。上人談禪機，臉上就算有慍色，都不是真的生氣，很快就讓我們體會到他的用意。

今日慈濟世界，人人相互敬愛，因為我們都是發自內心，追尋上人的衲履足跡，安心辦道，專心做志工，以成就他人為最終目標。這是我投入慈濟將近四十年的親身體驗。

【第七卷】

終生的志工

看見業力的改變

一九七六年，是我公司生意最好的時候，但如今回想起來，也是我脾氣最強硬的時期。那些不管是按公司章程而離開的股東，或是欠債過多被強制退股的人，臨走前都撂下狠話，說公司如果沒有他們，鐵定撐不到一年。

這種打擊信心的話，反倒激勵了當時的我。不認輸、不服輸是我的本性，為了賭那一口氣，說什麼都要做到更好，然後就變得脾氣也更為火爆。

我是一九七三年開公司當老闆，同一年跟妻子結婚、生下長子。看似風光，但其實我當時只有一輛一百西西的山葉機車闖蕩江湖；兩年後買的房子雖然要價三十四萬，但只有十萬是我出的，其他都是妻子跟丈人打點好的。

妻子的大姊還借了我們兩萬塊添購家具，把簡單的沙發、床板、書櫃備齊，終於有點家的樣子了，但是沒錢拉兩百二十伏特的電壓，冷氣裝不了，夏天只能靠電風扇度日。

直到一九七六年，女兒出生之後，公司上了軌道，不但有能力換電壓裝冷氣，還換了一輛豐田的二手汽車。一九七八年生小兒子的時候，家裏已經有點經濟底子，總算可以脫離貧困的日子了。

這段歷程，看似只有三、五年光陰，卻都被紫微斗數的命盤料中。我向簡老師學佛、拜入劉老師的崑崙派之前，自學過一點紫微斗數，但因為學得很皮毛，當時看不出自己的命盤，居然早就已經天注定。

直到加入慈濟之後，體悟了命由己做，不需要徬徨地依賴算命，卻在這時候碰到名師，無形中讓我觀看紫微斗數的功力大增。

那時候有一位紡織業的客戶，想送一幅觀音圖給證嚴上人，我居中替他聯繫，確定了拜見上人的日期，他就先帶了禮物來我家拜訪，還說要幫我太太看紫微斗數。

我們開始接觸佛教後，便不再那麼迷信，但是當他把妻子的過去一一點破，講我的過去，則著眼在一九七三到一九七八年之間，說這五年是我人生最重要的轉捩點。我跟他並不是很熟，更別提他是第一次見到我妻子，光從生辰八字就可以把人生歷程都講出來，這真的是很玄奇的事情。

他離開時，忘了帶走隨身的紫微斗數書籍，我看了一下書名，隔天就去書店找。我以前接觸紫微斗數最大的障礙，就是專有名詞太多，星宿的特性很難記得清楚，不靠一本專書輔佐，根本沒辦法排命盤。

把那本書買回家的當天晚上，我忽然夢見一位老人，他說，整個星宿有一個完整的口訣，他會分二十八天慢慢教我。包括紫微的陰陽性、五行，所有的星宿，只要擺的位置不一樣，命運就不一樣。

他說要分二十八天，一天幫我上一課，但我只睡了一個晚上，醒來之後，所有的口訣就全部都會了，好像電腦被輸入文字一樣，怎麼樣都忘不掉。後來的二十七天，他就沒有再出現了。

在那之後，接二連三發生很多巧合的事情。我剛加入慈濟不久，又懂得紫微斗數的奧妙，兩者相互搭配之後，一方面驗證了紫微斗數的可靠性，另一方面感受到佛法的博大精深。

我想這應該都是因緣際會，所以就繼續利用紫微斗數，當作接引眾生的一個方便法門，偶爾幫朋友或公司同仁排排命盤，給他們一點參考數據，然後以佛法的無常來替他們解釋人生方向。

有一次我去中央信託局辦事情，楊經理聊到有一位算紫微斗數的林老師非常神準。我覺得這個名字很熟悉，就請楊經理帶我去拜訪。見了面更覺得面熟，聊了幾句，問到她家住的地方，想起記憶中乾媽家好像就是那裏，我們才認出對方。

小時候，我們雖然沒有常常見面，但是都知道彼此，而雙方的母親過世之後，就再也沒有聯絡了。多年後再見面，我才知道她有紫微斗數的天分，又在名師座下學習了一段時間，可以鐵口直斷。

她倒是很訝異我居然也學會紫微斗數，「你有遇到很了不起的貴人，不然不可能這樣。看你的命盤，我很不好意思說，最多不會超過七十歲，而且會窮困半生，你懂嗎？你有貴人幫忙，才會有今天。」

「貴人？」聽她說完，我會心一笑，我當然知道，她說的貴人，其實是上人。我就跟她說了所有我遇過的神奇事件，包括遇見上人之後，我的整個轉變。我永遠記得，當她聽完我的故事，還有我追隨上人的志願後，看著我的命盤，頗有感觸地說：「難怪！」

她看出了端倪，也了悟到所謂的命理術數，都是可以改變的。業有多大，願就要比業更大。雖然我後來沒有跟她學紫微斗數，但也常常拿各種命盤請教她，算是延續了母親那一輩的情誼。

這些事情都是愈來愈清晰明白，從那種模糊的景象，變成實實在在的現實。當我學透了紫微斗數之後，對於因果業力的運作，愈來愈了然於胸，不再有那種對未來徬徨的恐懼感，更多的時候，我懂得去關懷，去體諒正在徬徨恐懼的眾生。

上人教導的佛法是一個準則，而紫微斗數可以驗證出這個準則，從每個人的命盤裏，點出的玄機就是「諸行無常」跟「因果不空」，這就是我參透的業力與因果的關係。

我在一次偶然的定中境界看到兄長。追問之後，得知兄長已經過世三年，但因為跟我們鬧得很僵，所以沒有發訃聞給我們。我趕緊念佛號，七天七夜，一心繫念，希望他向母親懺悔，早日往生善趣。

我三十二歲在宮廟服務的時候，濟公曾降乩略略提點說，我四十五歲會有大桃花。乾妹看我的命盤，也認為紅鸞星在四十五歲那年會浮動。但我一直都小心提防，避免讓妻子受到傷害，除了那次跟人打賭之外，我上酒店連小姐的手都不敢碰。成為佛教徒，學會〈楞嚴咒〉之後，就天天念〈楞嚴咒〉，想把所有的桃花統統斬斷。

後來公司來了一位出納小姐，透過一位朋友告知，她是我前世的妻妾，這世來跟我相會，是要來輔佐我的，但我不為所動。最後事實證明，我四十五歲時，不但沒有出現濟公師父說的桃花，也沒有命盤裏的紅鸞。不管是不是我持咒的力量開展出來了，總之，命運掌握在自己手裏，這是絕對不虛假的。

業力的不可思議，就是無論好壞，都有可能改變當前的命運，所以不必怨天尤人，努力克服困境，好的未來早就在等待著我們了。

行動號召更多企業

早年，我還沒認識慈濟的時候，在永和開了一家妙音佛教文物，專門做佛教文物買賣。因為對各種不同的香品有點研究，不管是水沈、檀香，或是中藥材的香料，我一聞就知道好壞，所以開了這家佛教文物，主要是跟大家交流香品，之後更提供作為慈濟聯絡處，成了大家開會或共修的場所。

有些人追求名酒、美食、良菸、古董、珠寶、好香，這類奢侈嗜好品，如果愈是能把價錢談到天一樣高，把稀有程度談到海一樣深，就愈有人喜歡把玩。炫富的心態，多過對文物的認識與研究。

但我不是出於這種心態，對香的愛好，除了是平常自修共修的必備品之外，有一種說不出來的奇妙感受，就是我可以辨別香的優劣，無師自通了品香之道，連品香十餘年經驗的香道師都很讚歎。

有一次我在打坐，現了一個相，看見我在一個山洞，大家拿香給我試聞。我說這不是西方極樂世界之香，我能聞到西方極樂世界之香，我有鑑別能力，大家都拿香來讓我鑑定，結果山壁走出一位師父，他拿出的香，我一聞就認出那是真正的西方極樂世界之香。

那時候，我還沒尋到定中境界的僧人，所以就問那位師父：「師父，這個是西方極樂世界之香，我們的緣分到了嗎？」

「還早，還早。」那位師父笑笑地，又走回了山壁之中。

後來有一次在慈濟浴佛大典上，我看見明光法師，我認出他就是山壁裏走出來的那位師父。我跟他說起這件事情的時候，他只是笑笑的，但我在他周身都聞到了極樂世界之香。透過這樣的能力，我與許多法師善信結下了很好的佛緣。

加入慈濟之前，我在扶輪社、百齡社都擔任重要的幹部，主要是輔導文化大學和東吳大學的校園社團，深入社區關懷弱勢。

因為本行是做航空運輸，想要跟海外有所往來的廠商，會把業務委託給我們承運，我們再轉由船公司或航空公司執行運輸。我在商界可以算是非常活躍，還擔任臺北商會的理事。

扶輪社大大小小的活動，我都會去參加，甚至籌畫主持。每週固定聚會一次的爐邊會談，除了分享社員概況與社務發展之外，最重要的是慈善晚宴，晚宴上會舉辦各種募款或義賣活動，勸募義賣的所得，就會拿去贊助育幼院或是養老院，還有需要的社福團體。

我是創社社員，社裏各行各業都有，主要的活動都是捐錢，哪裏需要用錢就撥款過去，施捨助人的心態，有點高高在上的感覺。接觸慈濟之後，上人教我們要心懷感恩，感恩受難的人給予我們種福田的機會。

心境不同，做事情的風格也會不一樣，因為加入慈濟要奉獻很多時間跟心力去膚慰眾生，與人結善緣，那些商業聚會我就愈來愈沒有時間去;就算去了,吃素又不喝酒的我,在席間也是個特立獨行的存在,自然而然,就婉拒了所有的職務,淡出商場上的交際應酬。

因為我花太多時間在精舍,已經沒有心力去管扶輪社的事,後來就選擇退出。我這一告退,同行客戶也開始對上人的法,產生很大的興趣。大家都在打聽,究竟是誰有這樣的能耐,可以降伏脾氣剛硬、說一是一的黃永存。

我藉著這個機會,帶著扶輪社的社員和同行與客戶們,參觀了幾次花蓮的靜思精舍,他們被上人的行誼感動,對僧團的印象也大為改觀。之後,他們雖然沒有加入慈濟,但是都願意捐款贊助慈濟。看我投入慈濟,四處勸募,又戒酒又茹素,有時候在商場上見到了,都戲稱我是永存法師。

合夥股東盜領公款的那段時光,曾經讓我覺得商場人心險惡,從商的人好像沒有什麼善良品德可言。每天回到家裏,我對妻子吐苦水,想要離開商場，但又沒有別的專長，看著孩子還小，只能在許多謊言裏做一天是一天。

這種痛苦其實埋藏在心底很久都無法解決，一直到一九八四年，因緣際會走進慈濟世界，才深切地了解當年那些紛紛擾擾，其實都是自己識人不清所導致。而且從結果來看，起心動念不純正的人，最後的下場往往悽慘落魄。不是環境的問題，商場、政壇、演藝圈，人間遍處都有光明善念，只要做人處事秉持著心寬念純，人人都能開出妙法蓮華。

向這些董事長們宣揚佛法，介紹慈濟，是需要善巧方便的。例如做服裝起家的德式馬黃華德董事長，後來受到上人感召，加入了慈濟，提供了許多賑災衣物上的援助。一開始是他的太太李時師姊先來找我談，她說我都可以放下一切，在慈濟裏堅持奮鬥，身為曾經天天跟她丈夫一起打高爾夫球的好球友，怎麼不勸他也加入慈濟？

我想也對，他在菲律賓工廠出的貨，都是我公司幫忙出到世界各地的，做生意的時候找他，玩樂的時候也找他，偏偏要做好事的時候卻不找他，這樣我也太不夠義氣了。

當時他的公司在青島東路，我去拜訪他，雖然他還是很想跟我打高爾夫球，但我執意要跟他介紹《慈濟月刊》，分享慈濟的好人好事。因為他太太也是慈濟人，有些故事他早就聽過了，他說他很贊同慈濟，但是他沒有動力去加入這種又要花錢又要出力的團體，他寧可出錢就好。

我在那之後又去找了他很多次，他都無動於衷。我多少是感到有點氣餒，想說自己這樣四處勸募，幾乎是無往不利，怎麼碰上這個妻子都已經是慈濟人了，卻怎麼樣都勸不動。

最後還是上人接引黃董事長，讓他加入慈濟的。那個契機是一九九〇年代的大陸賑災，那時候華南大水災，成千上萬的人流離失所，上人裁示，每戶要發放一條棉被，每人可以領到一件棉襖，這麼大的貨量，不是一般成衣廠可以出得了貨的。黃董事長就是在這個因緣下，接受了慈濟的委託，尋找到符合慈濟需要的高品質賑災衣物，大批大批地捐給華南地區的災民。

他親身體會慈濟與上人援助災區的速度跟效率，是這樣的神準迅速，感動到當場就直接加入慈濟，後來還成為慈濟國際人道援助會衣著組的大護法。

然後他也走上我走過的路──棄高爾夫、戒酒、茹素，成為一位全心付出的慈善企業家。

這些董事長們，有的本行是做吃的，有的是做穿的，這些本來都是各自獨立的企業，投入慈濟後，共同努力為眾生付出。大愛感恩科技公司開發的環保產品，像是用回收寶特瓶抽紗織成的毛毯，就是他們研發出來的。

上人講的第一部經是《地藏經》，發的願是地藏願，地獄未空誓不成佛，眾生度盡方證菩提，所以眾人來成其大願。觀世音菩薩、文殊師利菩薩……這些諸佛菩薩是怎麼成佛的，全都是行菩薩道！密宗宗喀巴的《菩提道次第廣論》，裏面說的也都是行菩薩道，利益一切眾生。

我四處參學，所以懂得做比較，學佛的目的是要成佛，釋迦牟尼是行菩薩道而成佛，這就是究竟直接的法門，所以我選擇的法門當然是以佛陀為榜樣。上人提出的菩薩道，是從實踐法門著手，知足、感恩、善解、包容，這碗四神湯，做得到就離成佛不遠了。

華東大水災，我在

慈濟慈善行動最早進入中國大陸，是在一九九一年的華東大水災。由於大陸當時的經濟發展還沒完全步入軌道，許多基礎建設尚待開發，面臨極端氣候帶來的天災，各省都傳出了重大傷亡。公部門為了救災疲於奔命，大陸政府向全世界求援，希望國際救難隊或公益團體可以協助他們救災與重建。

慈濟當仁不讓，研擬救災計畫，選擇受災最嚴重的安徽省全椒縣，由志工實地勘察。當地的積水沒有完全消退，水泥與磚房牆上的水痕，顯示災情最嚴重的時候，水位曾達兩層樓高，我站在危牆下，看著水痕，如果按照我的身高，早就已經滅頂了，可見這場災難多麼可怕。

積水嚴重的區域，還有許多豬牛牲畜的浮屍，牆上爬滿了蛆蟲，可以得知那些浮屍已經泡在水中很多天了。第一次親眼看見那種怵目驚心的景象，想到的是上人的開示，原來上人讓我們提早知道，這就是極端氣候到來的前兆，再不齋戒身心，就來不及了。

華東地區，我總共去了兩趟，第一趟是勘災，然後回花蓮開會。上人除了裁定一人一件棉襖，兩人一套棉被，以及每位受災戶兩個月三十斤白米，一年發放六次的救助之外，還要幫他們蓋房子和學校。

我當時就舉手反對，我說我們已經幫了這麼多忙了，慈濟也不是什麼家大業大的組織，所有的捐款都來自民間，這房子一蓋下去，按照我在商場上的經驗，慈濟很可能會發生重大財務危機，甚至瀕臨破產。

上人聽完，就說我是個傻弟子。人心的向善力量是可以不斷延續下去，這些房子誰來蓋都可以，但如果是慈濟幫他們蓋了這些房子，把慈濟的精神融入到房子裏面，帶給他們溫暖，就有機會讓他們體會到把慈愛與善良傳承下去的力量。

上人已經在會議上這麼說明了，我就不敢繼續反對下去。上人常常說我是傻弟子、傻弟子，我也就這樣傻傻地跟著上人到今天，想不到，真的被上人料中，從那之後，慈濟的溫暖力量深入大陸每一寸土地，即便慈濟是有宗教信仰的慈善團體，卻終究跨越了層層考核，成為一股純粹的慈善能量，影響每一個人。

後來不只全椒，由於江蘇省興化縣的災情也很嚴重，所以我們也去當地蓋房子。

出發前往全椒前，上人就交代我們，物資的發放就是「直接」、「重點」兩個原則，一定要親手送到災民手中，不能讓物資在中間被轉手，使救援的美意大打折扣，甚至無法真正援助到災民。

慈濟人進入任何災區，待人接物一定是雙手合十，九十度鞠躬，懷著感恩的心，而且堅守不談政治、不宣傳、不傳教等規定，所以走到哪裏，人們都非常歡迎我們的到來。因為我們沒有別的目的，來就是為了救災。

不求回報不分彼此地投入救災，有一次洞庭湖水患，我們也去勘災，因為當地居民靠珍珠養殖為生，很多人的手都嚴重潰爛，我就從臺灣帶了藥膏，一人送他們一瓶。

除了在第一線深入災區，慈濟也在臺大校園舉辦「用愛心擋嚴冬」義賣園遊會，吸引約十五萬人次參加。多年後，慈濟志工重回受災區訪視，發現那裏的人談到臺灣，首先想到的就是慈濟當年的援助。

全椒水患三年後，我到大陸參加商務會議，將隨身攜帶的《慈濟道侶》半月刊，發給與會的國際通運同行。其中一位是聯合航空蔡總經理，他一聽到我是慈濟人，手裏接過刊物，震撼不已，一直向我稱謝。

我被他的舉動愣住了，一問之下，才知道當年我們去他的老家安徽全椒賑災，蓋了很多房子，讓他的鄉親們都能受惠，所以他感動不已。

我終於可以理解上人蓋房子的用意，也跟著發心要在大陸建造屋舍，因緣際會之下，我蓋了七所希望工程小學。

蓋小學的歷程也很特別，當時我為了公司的事務，要去北京拜訪官員，在香港轉機的時候，看見《文匯報》報導了西北地區的大水災，新聞照片上有很多小孩都被淹死，看得我很不捨，心裏頭一直掛念著這件事情。

一到北京，我還沒提起這件事情，接待我的官員們正巧要集資協助西北水災，於是我就毛遂自薦，跟高士奇基金會合力蓋學校。

榆林蓋了三所，延安蓋了一所，除了當地官員出席落成大典，長年在北京的官員也返鄉參加剪綵。他們本來都有點提防我的心態，擔心我有宗教或商業目的，但我看學校蓋好了，落成典禮結束了，隔天就搭飛機回臺灣，他們對此感到很詫異，現代社會居然還有這種不求回報的人，便很積極地希望能將我留下，繼續協助他們災後重建。

礙於公事、私事都要回臺處理，我趕緊整理了一下他們給的資訊，聽說定邊也是重災區，很缺學校，就趕緊調動工班，在定邊蓋了三所希望小學，扶助孩子們順利成長。

因為這樣，我跟那些官員都變成真正的好朋友，也讓這分愛心深入他們的生活。這就是上人常說的，大陸是一畝大福田，十三億人口，可以打造好多人間福田。

第一次聽到上人這麼說的時候，我也直覺是不可能，但經過了好多次的賑災與希望工程重建，看見人心的轉變，真的就像《法華經》說的「從地涌現」一樣，現在大陸各省幾乎都有慈濟人，努力地把佛心師志散播到每一個角落，膚慰眾生。這才真正體會到上人的高瞻遠矚。

莫忘那一天

一九九九年九月二十一日凌晨一點四十七分，是臺灣人永遠無法忘記的日子，全島天搖地動，許多慈濟人被嚇醒不說，還趕緊把藍天白雲制服穿起來，打電話給分區會的組長或隊長，詢問接下來要怎麼動員。三點十五分，我就接到臺北分會布達物資輸送的訊息，趕緊聯絡認識的貨運公司，把那些半夜正在跑車的司機都串聯起來，要緊急徵用他們的車輛。不久，插著慈濟旗幟的車子在高速公路上疾駛，公路警察看見了，也趕緊鳴響警笛，當我們的前導車，協助讓救援物資搶進災區。

救援的團體很多，光是慈濟，就在臺中市區、霧峰、豐原、新社、東勢、埔里、草屯、集集等地，設立了超過三十個救災服務中心，有熱食、睡袋、棉被、照明、口糧等民生物資，二十四小時供應，另有十七處的定點義診及巡迴醫療，服務救難人員與災民。

我也跟隨深入災區，一般車子開到山腳下就上不去了，只好改換四輪傳動的車子，硬爬上山路。抵達埔里一下車，就看到許多屍袋，一袋一袋從瓦礫裏運出來，我很心痛，眼淚不由自主就流下來了。

很直接地感受到無常，比看經書都來得有震撼力。我們沒有時間悲傷，很快就把工作都安排下去，誰要去搭帳棚，誰負責去煮東西，誰到現場去把一些阻礙救援隊的障礙物搬走，非專業搜救技能的部分，我們能承擔盡量承擔。

每個帳棚排出了長長的人龍，領便當的、領礦泉水的，絡繹不絕。我們輪班休息，輪班發放，有時候躺下去睡不到兩小時，就有災民來求援，趕緊又爬起來，繼續陪伴、協助災民。我們白天忙碌，晚上累了，把紙箱往水泥地上一鋪，躺下就睡著。

排班輪休時，我趕緊回家一趟，準備養足精神再回災區，沒想到晚上九點多到了家，妻子跟三個孩子都不在。我心裏頭納悶，不知道他們去哪裏了？過了一個多小時，妻子帶著三個孩子回來，每人手上抱著一個紙箱，上面貼著慈濟的文宣，原來妻子帶著孩子去樂華夜市勸募了。

短短十天內，慈濟總共發出一億六千萬的現金與物資、出動十萬人次志工、溫飽了一百三十萬人次。九二一災後約莫兩週，慈濟配合政府的總體檢，開始認養災區中小學，最後總共援建了五十一所學校，光希望工程的重建經費就超過八十億元。

上人對建築工法的堅持讓人敬佩，認為要讓大地呼吸，房子蓋好之後，所有的景觀造景都必須遵循生態工法。我們也投入景觀工程鋪連鎖磚的工作，鋪到我渾身猶如鋼筋鐵骨，揮汗如雨，也甘之如飴。

我們都祈願那一年過後，臺灣的房子可以愈來愈穩固，人心也能愈來愈緊密。

有人問，為什麼慈濟動員總是這麼快？因為哪裏有災難，慈濟能走到哪裏，就救到哪裏，經驗不斷傳承累積。華東水災、江西冰雹、柬埔寨澇災、泰國曼谷大水……慈濟人救災不分國家與地方，只要能去，我絕對會去，我來不及去的，我的貨機客機包機也一定會去。

所以，二十年後，當慈濟人回憶起九二一的當下，除了感嘆無辜生命的消逝，也持續呼籲防災與救災必須並重，時時刻刻做好防備，才能面對無常的發生。上人一再提醒，莫忘那一年，莫忘那一人，莫忘那一念。我們銘記在心。

收拾，再出發

九二一大地震餘悸猶存，二〇〇一年納莉颱風接踵而至，暴風圈籠罩全島，是近年臺北市淹得最嚴重的一次，彷彿讓人想起臺北湖的前世。

從文山區、南港區、汐止區等地方開始淹入市中心，暴漲的基隆河，吞沒了半座臺北市。時至今日，臺北捷運車站內，用一條醒目的紅線，標出了當年淹水高度，這是在警惕全民莫忘那一年，也是告誡後人隨時做好防災準備。

慈濟人已經被天災訓練出即時尋聲救苦的本領，納莉颱風的風雨還沒完全停，北區志工就已經分派出第一小隊，前往山區幫居民清除汙泥跟垃圾。我那時候就是第一小隊的，想到可以把先前救災的經驗，運用在這次的風災上，所以自告奮勇，凌晨三點半就開車出發，一路上風雨交加，趕到汐止的時候，雨勢才稍稍停歇，我雨衣披著就上陣去了。

因為氣象報告說，颱風過後可能會有雨勢增加的情形，就是一般我們說的「風颱尾」，所以當務之急就是把所有可能阻礙雨勢水流的滾滾黃泥，全都清除乾淨，這樣才不會造成淹水面積與深度持續擴張。

政府向業者們調來幾十輛小山貓挖土機，在大馬路上穿梭來回，不停鏟走一噸一噸的黃泥。但是跟大馬路垂直交錯、縱橫複雜的巷弄之間，小山貓進不去，就得靠人力親手挖，志工手裏拿著鏟子，只要看到哪裏有路，哪裏有黃土，就分頭進入巷裏開挖。

我們後來也去汐止國中幫忙，但只要基隆河水一暴漲，就必須趕緊離開，就這樣跟河水你追我跑，終於靠著分批輪班的志工群，把汙泥清除掉七、八成。

多年以後，蘇迪勒颱風摧毀烏來溫泉區的時候，我們也是運用當年納莉風災善後的經驗，深入山區，清掃那些占據民眾家園的濁泥。

那些吸飽了雨水的泥淖，只要穿著雨鞋踩進去，腳就很難拔得起來，如果硬要拔，往往只有腳起來，鞋子還塞在泥巴裏。這麼黏滯的泥土，如果把人給埋住了，那還得了！想到這點，我們也顧不得其他，捲起褲管，使勁提起雨鞋和雙腳，努力往前邁步。

納莉颱風的風雨很強，路徑很怪，吹到全臺灣停水停電，幸好慈濟位於內湖的環保站還堪使用，所有志工就團結起來，聚集在內湖環保站，一天煮出七萬份便當。

我是一個在家不煮飯，妻子也不讓我煮飯的人，深入救災現場，卻經常挽起袖子幫忙炒菜，跟其他師姊們輪流接力，炒到手都抽筋，用地骨水抹一抹就繼續炒。我和妻子每天回到家，都變成鐵手鐵腿（肌肉痠痛），真正是鋼鐵人一般。

便當煮好了，還要用小發財車開到各個社區或醫護站去送便當，一個便當固定有一雙筷子、一瓶礦泉水。我們沿街喊著送愛心便當，有些住戶被困在高樓上，就請他們垂下一條長繩，像長髮公主一樣把便當提到樓上去。

這種煮熱食、送便當，餵飽救難人員與災民的後勤工作，慈濟當然是愈做愈有心得，後來大陸四川汶川大地震那次，我也親自到災區參與救災，待了整整十天。

還記得五月十二日下午，大地震發生過後不久，上人要我趕緊找專機包機，五月十三日中華航空運一班、五月十四日澳門航空運一班、十五日再用揚子江航空運一班，三趟班機成功包機兼清關，順利把物資送到重慶機場。

而讓我開眼界的是，也有慈濟師兄的食品工廠，早在當地發展得有聲有色，因為師兄也是長期受到上人的教導，轉念一想，他可以利用在食品業的長才，研發更多符合慈濟使用的產品，因此，各種素食麵、香積飯的陸續推出，這位師兄功不可沒。

後來他還研發出煮飯機器，汶川現場就有四臺這種大型煮飯機，洗好的米放到機器底下的蒸盤，一個按鈕，就可以用二分之一的速度，煮出我們之前用大電鍋五倍量的白米飯，加快了供應熱食的速度。

汶川大地震非常嚴重，我們成立醫療站後，陸續接到很多粉碎性骨折的病例，還有全班六十個人只剩下兩個小朋友的慘況，剩下的那兩個小朋友驚魂未定，我們都給予陪伴。

我當時找了一批會講普通話也會當地方言的小朋友，請他們幫忙翻譯，還讓他們穿上慈濟的小背心，一起投入救災活動。有的老人家不會講普通話，跟醫護人員比手畫腳，就必須讓這些孩子出動。

短短十天，我們跟當地小朋友打成一片，當任務結束，即將返回臺灣的時候，他們揮揮手跟我們道別，說「師伯再見」。強忍著淚水，安慰他們，要他們努力念書，好好孝順父母。他們淚眼看著我們上遊覽車離開，孩子們在車外哭成一片，我們志工在車內也哭成一片。

從華東華南水災，到後來包括河南、貴州、浙江風災、四川地震，我都去過。另外像馬來西亞水災、南亞海嘯、日本三一一大地震，我也無役不與，有時候是後勤，派飛機、貨車支援，有時候是衝到最前線。

在慈濟國際人道援助會的行輸組擔任副召集人，平常是派送慈濟的文宣，發生緊急災難的時候就是派送物資，像是巴西、尼加拉瓜、獅子山、肯亞、馬來西亞、印尼、菲律賓、越南、緬甸、柬埔寨、泰國、美國、澳洲、紐西蘭、墨西哥等，這還只是我有記憶的，只要慈濟需要派送物資，我就盡可能協助聯絡班機。

誰能想得到，當年那個踩著孔明車，連地板都踏不到的人，賣一塊三塊的橘子和枝仔冰，如今卻是國際通運公司的董事長。

從車輪到機輪，輪轉了一甲子，我從來都不是為了自己的享樂。前半生為了父母、兄弟，為了妻子、孩子；後半生為了佛教，為了眾生，沒有休息。

菲律賓發生海燕風災的時候，就是用包機。本來外交部要用軍艦發放救援物資，但當地有上萬災民，根本等不及軍艦靠岸，於是我就找到一架包機，晚上六點開始集結。

因為我是AEO優良廠商，我就出切結書，把所有要運出去的物資提前準備一部分，讓海關先驗，擔保所有出關的物資都跟驗的這份一模一樣。驗好之後就全公司總動員，加上北區志工們，徹夜不眠，高雄物資運到桃園機場的時候是晚上九點，我們開始整理上萬份的救災物資，趕在隔天早上七點前順利通關，飛抵馬尼拉機場，順利發放。

幸好我在海內外的商譽都不錯，所以航空公司、機場主管都願意信任我，只要確認是救災物資，都讓我先清關，以物資迅速送達為目標。員工們和志工們也都同齊一心，才能完成這麼艱鉅的任務。

海地大地震的時候，因為太子港全毀，所以物資得先用華航送到邁阿密，再轉小飛機，小飛機得飛七趟，才能把所有物資都運到多明尼加，而後由多明尼加的外交部收貨，將物資集中，等待聯合國的維和部隊抵達，由他們護送物資，才可以把物資順利送到海地。

那個時候我徹夜不眠，晚上親自坐鎮，抓著電話，隨時確認物資派送的最新消息。確定物資抵達邁阿密，順利轉往多明尼加，由外交部代為收件管理，這還不夠，得等到聯合國的維和部隊也抵達多明尼加，正式出發將物資送到海地，我才敢安心睡覺。那天，算起來至少二十四小時沒闔眼。

而像這次的新冠肺炎疫情，只要該國准許運輸口罩或防護物資，我能幫得上忙的，絕對是義不容辭，出錢出飛機，盡快送上最前線。

疫情的爆發是一國接著一國，印尼慈濟人知道臺灣需要醫護物資，就趕忙從印尼買了許多口罩，運回臺灣來協助第一線的醫療人員。美國疫情不嚴重的時候，是由美國慈濟總會送物資到大陸，後來大陸疫情趨緩，則由大陸會所籌集物資到美國，互助和諧，都是為了讓眾生可以平安度過疫情。

慈濟的四大志業八大法印，我都參與到，醫院的導覽與建設時期，我經歷了；各級學校的設立，我幫忙募資。我很注重教育，而且是身體力行，用身教代替言教，引導家鄉的學弟妹們，每學期都發放上千份獎助學金。大愛電視臺要開辦的時候，我也參與了很多次會議，提供了一些意見；我家樓下設立了環保站，我也定期去做導覽志工。

救災趨緩的時候，我就帶領企業家參加靜思生活營，我當隊輔，一組九個學員，從生活化的面向切入，讓他們認識佛法，是明明白白、活活潑潑的一顆直心，直指光明覺悟的道路。

這輩子可以遇見上人，是我最大的福報。上人無伐善、無施勞，而我也早就發願生生世世追隨上人，就像定中境界所看見的一樣，哪怕踩著孔明車、騎著摩托車，開著大卡車、貨運車、輪船、飛機，都要生生世世追隨上人。

國家圖書館出版品預行編目（CIP）資料

堅定．淡定：黃永存從商道走向菩提道／唐墨作——初版
臺北市：經典雜誌，慈濟傳播人文志業基金會，2021.02
326面；15×21公分
ISBN 978-986-99577-6-2（平裝）
1.黃永存 2.臺灣傳記
783.3886　　109018161

傳家系列001

堅定．淡定——黃永存從商道走向菩提道

創 辦 人／釋證嚴
發 行 人／王端正
平面媒體總監／王志宏

主　　述／黃永存
撰　　文／唐墨
主　　編／陳玫君
特約編輯／吟詩賦
執行編輯／涂慶鐘
美術指導／邱宇陞
美術設計／金魚
校對志工／高怡蘋
出 版 者／經典雜誌
慈濟傳播人文志業基金會
112019臺北市北投區立德路2號
編輯部電話／02-28989000分機2065
客服專線／02-28989991
客服傳真／02-28989993
劃撥帳號／19924552　　戶名／經典雜誌
印　　製／新豪華製版印刷股份有限公司
經 銷 商／聯合發行股份有限公司
231028 新北市新店區寶橋路235巷6弄6號2樓
02-29178022

出版日期／2021年2月初版一刷
定　　價／新臺幣250元

TZUCHI

TZUCHI